쑥쑥크리의
화분 텃밭

쑥쑥크리의

화분 텃밭

© 쑥쑥크리, 2021

초판 1쇄 인쇄일 2021년 3월 10일
초판 1쇄 발행일 2021년 3월 17일

펴낸이 김지영   펴낸곳 지브레인^{Gbrain}
편집 김현주
제작 · 관리 김동영   마케팅 조명구

출판등록 2001년 7월 3일 제2005-000022호
주소 04021 서울시 마포구 월드컵로7길 88 2층
전화 (02)2648-7224   팩스 (02)2654-7696

ISBN 978-89-5979-661-8(13690)

쑥쑥크리의
화분 텃밭

쑥쑥크리 **지음**

해든아침

어린시절 눈을 뜨면 바깥에서 그날의 농사에 맞는 농기구를 점검하던 소리
와 텃밭에서 파를 뽑아 아침을 준비하던 어머니의 모습은 이제 추억이 되었다.

독립해서 내 생활을 하며 호기심과 기쁨으로 시작했던 취미 활동들도 많았
다. 운동, 여행, 목공, 다양한 조립품들……그런데 지금은 그 취미들을 추억으
로 돌리고 흙에서 사는 식물들을 키우고 수확의 기쁨을 누리게 되는 취미를 즐
기고 있다.

씨앗에서 새싹이 탄생하는 순간은 언제나 기쁘다.

한 작물이 자라기 위해 2~4개월 동안 돌보면 어느새 노력의 결실이 수확으
로 돌아온다.

아주 풍족한 결실을 맺게 되면 이웃들과 수확의 기쁨을 나누기도 한다.

보다 다양하고 많은 작물을 소개하고 싶지만 텃밭이 아닌 화분에서 키우기
엔 공간의 제약으로 한계가 있다.

글로 표현할 수 없는 부분은 영상으로 기록하여 유튜브를 통해 새로운 소식
과 함께 언제든 만날 수 있게 〈쑥쑥크리〉란 개인 채널을 만들었다.

앞으로 매년 재철 과일을 먹다 보면 나오는 씨앗을 발아시켜 하나의 유실수
가 되도록 접목 과정을 준비하고 있다.

짧은 겨울 동안 계획을 세우고 준비하며 따뜻한 봄이 오길 기다리는 중이다.

 쑥쑥크리

이 책에 소개된 채소들의 재배법은 모두 유튜브에 동영상으로 올라가 있다. 허브의 재배법은 2021년 올해 동영상으로 올라갈 예정이다.

이 책은 귀농하면 키우고 싶은 채소와 과일들을 중심으로 소개하고 있다. 유튜브에는 좀 더 세세하게 시간의 흐름에 따른 채소들의 변화와 키우는 법이 잘 설명되어 있으니 채소를 키우는 과정을 알고 싶다면 도움이 될 것이다.

거름과 흙, 비료 등은 3평 텃밭을 기준으로 하고 있지만 화분 텃밭도 키우는 방법은 동일하다. 다만 3평 텃밭과는 달리 화분에 쓸 거름과 비료에 대한 세세한 설명을 하지 않은 것은 어떤 조건에서 어떤 화분과 흙을 선택할지 모르기 때문이다. 그래서 〈텃밭을 시작하기 위한 기초 지식〉을 꼭 잘 읽어보고 참고하기를 바란다.

삶은 계란 껍데기, 핸드드립용으로 갈은 커피 찌꺼기 등은 좋은 거름이 되어줄 것이다. 천연 농약은 아주 간단하게 만드는 방법이 있으니 병충해가 생기기 전에 분무기에 넣어뒀다가 화분의 흙을 간단하게 소독한다는 마음으로 10일에 한 번 정도 뿌려주면 된다.

천연 농약과 천연 비료 만드는 법을 소개하니 미리 만들어두었다가 필요할 때 사용
하자.

1. 병충해 방제에 좋은 난황유

난황유는 효과가 이미 입증되어 널리 쓰이고 있는 천연 농약이다. 만드는 방법은 다음
과 같다.

1 계란 노른자 1개, 식용유 60mL를 준비한다.
2 준비한 계란 노른자와 식용유를 모두 믹서기에 넣어 혼합한다.
3 물 200mL에 2를 넣어 희석시킨 뒤 냉장고에 보관하면서 필요
   한 만큼 물과 혼합해 사용하면 된다. 손으로 만졌을 때 끈적임
   이 살짝 느껴지는 정도가 좋다.

진딧물을 박멸하고 싶다면 채소 잎의 앞뒷면 모두 골
고루 살포해야 한다.

예방 목적으로는 10일 간격으로 분무기로 뿌려주
고, 치료 목적으로는 5일 간격이 좋다.

난황유 대신 우유나 마요네즈를 물과 섞어서 사용해도
된다(마요네즈 8g＋물 2mL).

이 천연 농약은 안전한 대신 단점도 있다. 한여름 고온에서는 수분 장애가 발생할 수
있고 유기물에 의한 곰팡이 등이 발생할 수 있으니 병충해 관리 위주로 사용할 것을 권
한다.

2. 작물을 크고 튼튼하게 하는 난각칼슘

1 평소 계란을 먹고 남은 계란 껍데기를 잘 말려둔다.
2 말려둔 계란 껍데기를 잘게 부순 후 현미식초 500cc와 섞
   는다.
3 실온에 5~7일 정도 두었다가 남아 있는 계란 껍데기를 건
   져낸 뒤 냉장고에 보관한다.
4 물과 희석해서 사용하는데 칼슘식초 1: 물
   500~1000배의 비율로 사용한다.

열매가 달리는 시기에 월 2~3회 정도 분
무기로 뿌려주면 고추나 토마토와 같은 채
소가 튼튼한 과실을 맺는다.

part 1

텃밭을 시작하기 위한 기초 지식

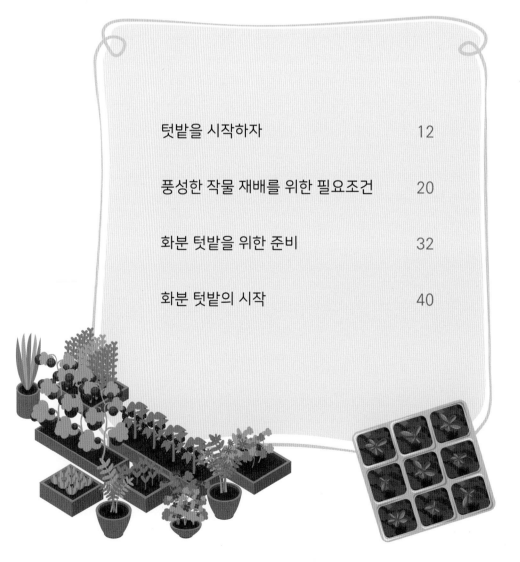

part 2

나만의 화분 텃밭으로 풍성한 식탁을!

part 3

허브로
향긋한 생활을!

텃밭을 시작하기
위한 기초 지식

Gardening time

텃밭을 시작하자

이 책에서는 주로 화분을 이용한 텃밭을 소개할 예정이지만 주말농장도 가능할 수 있도록 소개했다.

3월 차가웠던 바람이 풀리고 따뜻한 햇빛이 느껴지기 시작하면 새롭게 텃밭을 정리해서 손님 맞을 준비를 할 시기이다.

텃밭 준비는 심을 작물을 결정하면 필요한 도구, 밑거름, 밭 갈기, 이랑 만들기, 아주심기 순으로 이뤄진다.

텃밭의 규모

구분	가꿀 수 있는 채소	채소 종류
소규모(1~2평)	크기가 작은 채소, 이어짓기 장애 없는 채소	상추, 시금치, 잎들깨 등
중규모(3~5평)	구획을 나누어 재배 가능, 식물의 크기가 큰 채소	토마토, 오이, 당근, 옥수수, 수박, 파, 배추, 무, 고추 등
대규모(6~10평)	구획 재배, 대량소비가 가능한 채소	호박, 감자, 고구마 등

주말농장을 할 예정이라면 상추, 고추, 토마토, 오이, 옥수수 등 쉽게 키울 수 있고 자주 소비되는 작물을 선정해 재배한다.

작물 결정하기

한 해 농사는 키우고자 하는 작물에 따라 방향이 결정되는데 작물을 결정할 때는 텃밭의 크기와 환경적 요건을 고려해야 한다. 농사는 적절한 시기에 맞춰 해줘야 하는 일이기에 각 작물의 월별 스케줄 표를 정리해 두면 좋다.

텃밭을 가꾸기 위해서는 작물의 재배시기를 이해하는 것이 중요하다.

내가 키우고 싶은 작물을 심고 수확하기까지의 시기를 알아야 적당한 때 해야 할 일에 대한 계획을 세울 수 있다. 또한 내가 심으려 했던 작물을 구할 수 없을 때 대체작물을 선정하거나 혹은 여러 작물을 섞어 심을 때 활용이 가능하다.

자라는 기간이 긴 작물은 밭을 오래 차지하기 때문에 그 자리에 다른 작물을 심기가 어렵다. 만약 쌈채소를 키워 먹을 예정이었다면 쌈채소는 7월이 되면 꽃대가 올라오고, 곧 장마가 와서 잎을 먹지 못하기 때문에 더더욱 같이 키울 작물 선정이 중요하다.

텃밭 운영에 필요한 도구 준비하기

꽃삽	텃밭 가꾸기에 필수 아이템으로 구멍을 파 작물을 심을 때 주로 사용한다.
막호미	밭일 농사일의 일반적인 기본 호미다. 밭고르기, 텃밭 가꾸기를 비롯해 작물이나 잡초를 캐낼 때 가장 많이 사용하는 기구이다.
낫	농작물을 수확할 때, 잡초 제거, 각종 농사에 사용한다.
철호크	축사, 농가, 밭농사 등 각종 농사에 쓰이며 농작물 수확, 땅 일구기, 밭고르기, 밭고랑에 쓰이는 농기구이다.
괭이	흙을 퍼 올려 밭의 이랑을 만들 때 쓰인다.
네기(레이크)	땅의 돌을 골라내거나 이랑을 평평하게 일굴 때 사용한다.
막삽	농기구의 필수로 공사장, 농사용, 축사 등 여러 방면에서 사용되는 삽이다.
물뿌리개	식물의 생육을 도와주기 위해 물을 줄 때 쓰는 도구로 흙이 파이지 않게 안정적으로 물을 준다.

기타 장갑, 모자, 장화, 작업방석, 가위, 유인줄, 지주대, 유인집게, 분무기 등

도구들.

밑거름 주기

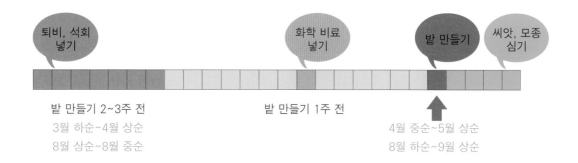

밭 만들기 2~3주 전
3월 하순~4월 상순
8월 상순~8월 중순

밭 만들기 1주 전

4월 중순~5월 상순
8월 하순~9월 상순

한평 텃밭 만들기

한평 텃밭 만들기

퇴비 가축의 분뇨나 짚, 잡초, 낙엽 등 여러 재료를 발효시킨 부산물비료를 말한다.

화학비료 질소, 인, 칼륨과 같은 화학물질을 식물이 쉽게 흡수할 수 있는 형태로 만든
비료를 말하며, 2종 이상을 함유한 복합비료가 있다.

씨앗을 뿌리거나 심기 전에 주는 거름으로 한 해 농사를 위한 기초 작업이다.

석회 넣기 3월 하순~4월 상순, 밭 만들기 3주 전

퇴비 넣기 밭 만들기 2주 전

복합비료 뿌리기 밭 만들기 1주 전 골고루 뿌려준다.

이렇게 각각 간격을 두고 거름을 주는 이유는 주로 석회와 질소가 함유된 비료를 같은
시기에 주면 석회와 질소가 반응하여 흔히 가스 상해라고 하는 암모니아가스가 발생해
질소 성분이 모두 날아가 화학비료 효과는 없어지게 된다. 그래서 시간을 두고 주고 있
다. 그 외 가스 장해는 미숙퇴비를 주면 부숙 과정에서도 암모니아가스가 발생한다.

보통 석회고토를 뿌리고 2주 후에 비료를 뿌리라고 권장하지만 석회고토와 퇴비는 혼
용해도 된다. 퇴비의 질산태 질소와 석회가 반응을 하지만 가스가 되어 날아가지는 않

는다.

화학비료는 녹아 작물에 빠르게 흡수되는 속효성비료로 지속력이 20일 정도 유지되기에 마지막 단계에 뿌려준다.

사용량 밭 10m²(3평 기준)에 퇴비 10~20kg, 석회(고토석회) 1~2kg, 붕소(붕사) 10~20g을 뿌려준다.

밭 만들기

뿌려놓은 밑거름은 흙과 잘 섞고 굳어 있는 땅을 부드럽게 해주기 위해 삽이나 철호크를 이용해 한 삽 깊이로 땅을 갈아엎는다.

이랑 만들기

이랑은 두둑(작물을 심는 곳)과 고랑(배수 및 통로)을 함께 부르는 명칭으로 텃밭 작물의 관리와 배수를 용이하게 한다. 높이는 20~30cm 정도로 고랑의 폭은 30cm 내외로 한다.

이랑의 방향을 정하고 괭이나 삽으로 흙을 퍼 올려 두둑을 쌓아 올려주며 작물의 뿌리가 잘 뻗을 수 있도록 흙을 고르게 부숴 준다.

1 배수를 고려해 이랑의 방향을 정해준다.
2 고랑자리의 흙을 퍼 올려 두둑자리에 쌓아준다.
3 괭이를 이용하여 퍼 올린 흙을 잘게 부숴 준다.
4 레이크를 이용하여 두둑의 땅을 골라준다.

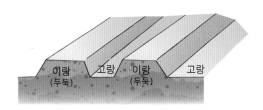

좁은 이랑 감자, 고구마, 고추 등 한 줄심기 작물에 주로 사용하며 두둑의 폭은 30~50cm.

평이랑 상추나 수박 등을 심을 때 이용하며 두둑의 폭이 90~120cm로 넓게 만들어 활용한다.

이랑 만들기.

좁은 이랑과 평이랑.

좋은 모종 고르기

전문 농사꾼도 씨앗부터 길러 심는 게 아니다.

시골에서 작은 텃밭을 가꾸는 부모님도 대부분 모종을 구입해 텃밭에 아주심기를 하고 있다.

씨앗을 키우는 건 세심하게 신경을 쏟아야 하는 대목으로 씨앗을 키울 공간과 병충해 예방 그리고 아침저녁으로 온도 관리 등을 해야 하는 등 항상 곁에서 돌봐야 하는 힘들고 바쁜 작업이기도 하다. 물론, 새싹이 자라고 커가는 기쁨도 있지만 모종을 통한 재배는 시간을 아끼고 수확을 늘릴 수 있다.

토마토 뿌리.

배추 모종 뿌리.

1 토마토의 경우 꽃이 1-2개 피어 있고 꽃이 크며 꽃눈이 많은 묘를 고르고, 좋은 모

종은 뿌리가 하얗고 굵으며 뿌리털이 잘 발달되어 있는 모종이 좋다.

2 모종을 키울 때 영양제로 질소를 많이 주면 웃자라 줄기가 너무 길게 될 수 있는데 이런 모종은 좋지 않다. 모종은 줄기의 굵기와 마디 간격, 잎 크기가 적당하고 잎 뒷면을 살폈을 때 진딧물이나 병해충 피해를 입지 않은 것을 선택한다.

모종은 4월 하순부터 시장이나 종묘상, 농협, 원예, 농약상 등에서 구할 수 있으며, 인터넷 쇼핑몰에서도 주문이 가능하다.

직파 채소와 육묘 채소의 구분

구 분	채소 종류
직파 재배	무, 당근, 시금치, 마늘, 쪽파, 콩, 쑥갓
직파/육묘	배추, 상추, 콩, 토마토
육묘 재배	가지, 고추, 딸기, 참외, 수박, 오이

아주심기(정식)

4월 하순과 5월 본 밭에 모종을 옮겨 심는 기간으로 평균 기온과 지온이 올라 작물의 생육에 적당하다. 따뜻한 날씨가 계속 된다고 하여 작물을 옮겨 심으면 5월 초까지 서리가 내려 피해를 받을 수 있기에 노지는 5월 5일을 기준으로 작물을 심으면 어느 정도 냉해 피해를 피할 수 있다.

모종을 심을 때는 5~10cm 깊이로 물을 충분히 주고 모종의 뿌리 위쪽이 지면과 같

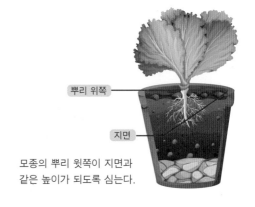

뿌리 위쪽

지면

모종의 뿌리 윗쪽이 지면과 같은 높이가 되도록 심는다.

은 높이가 되도록 심는 것이 좋다. 모종의 뿌리나 잎에 상처를 입히지 않도록 주의하며 심어 준다.

여기까지가 자투리 땅이나 옥상 등을 이용한 텃밭을 준비하는 단계이다. 이 흐름을 알면 베란다와 옥상 화분에 심을 작물을 어떻게 준비해야 하는지 간단하게 파악할 수 있다.

옥상 화분 가꾸기는 4장의 상토에서 간단하게 설명한다.

풍성한 작물 재배를 위한
필요조건

비료란?

비료는 작물의 생장을 촉진시키고 토양의 생산성을 높이기 위하여 작물 또는 토양에 투입하는 영양물질을 말한다.

비료는 성분에 따라 크게 화학비료(무기질 비료)와 유기질비료로 나뉜다. 화학비료의 주성분은 화학공정을 통해 추출하는 질소(N), 인산(P), 칼륨(K) 등의 무기물

질이며, 유기질비료의 주성분은 동식물로부터 추출하는 유기화합물이다.

식물 필수 원소

산과 들의 식물들은 거름을 주지 않아도 땅 속에 식물이 자랄 수 있는 최소한의 영양분이 있어 비가 오고 땅만 마르지 않으면 잘 살아간다. 하지만 작물은 땅 속의 영양분으로는 충분하지 않다. 인간이 살아가기 위해서는 단백질, 지방, 탄수화물과 무기질 등 다양한 영양소가 필요하듯 식물에게도 질소, 인산, 칼륨, 미량요소들이 필요하다. 이를 모두 토양에서 얻을 수 없기에 작물에게 부족한 영양을 인위적으로 공급해줘야 한다.

작물의 생장 · 생존 · 번식을 위해서 꼭 필요한 양분(원소)은 16종으로, 이를 작물 필수원소라 한다.

보충이 필요 없는 요소 탄소(C), 수소(H), 산소(O): 물과 공기에서 자연적 흡수

다량요소 질소(N), 인산(P), 칼륨(K): 식물의 3대 영양소

소량요소 칼슘=석회(Ca), 마그네슘=고토(Mg), 유황(S)

미량요소 철(Fe), 붕소(B), 아연(Zn), 망간(Mn), 몰리브덴(Mo), 염소(Cl), 구리(Cu)

이들 필수원소 중 탄소·산소·수소는 작물의 대부분을 구성하는 원소로, 공기와 물을 통해 자연적으로 흡수되며 나머지 원소들은 주로 토양에서 공급된다. 그중 작물에 많이 필요한 질소·인산·칼륨은 일반 농지에서 부족하기 쉽고, 시비효과가 높아 '비료의 3요소'라 한다.

화분에서 재배한 식물들은 한정된 공간에서 자라 유기성분이 부족하기 때문에 지속적으로 영양분을 보충해줘야 한다.

비료의 3요소

질소(N)

작물 생육에 가장 중요한 성분이다. 광합성에 관계하는 엽록소를 만들어 작물의 줄기와 잎, 줄기를 키우는 역할을 한다. 식물체 내 생화학 반응에 관여하는 효소, 호르몬, 비타민류의 구성성분이기도 하다.

결핍 증상 키가 크지 않고 아랫잎부터 누렇게 말라 죽는다. 개화가 되더라도 결실률이 낮으며, 과실의 발육이 불량하고 품질도 떨어진다.

과다 증상 대부분의 양분이 가지와 잎의 생장에만 소비되어 꽃눈 형성이 불량해지며, 겉으로 보기엔 줄기가 튼튼해 보여도 만져보면 무르고 연약하다.

질소는 전 생육기간을 통해 흡수되므로 밑거름과 웃거름으로 나눠주는 것이 효과적이다. 밑거름은 초기 생육을 촉진시키고 웃거름은 생식생장 이후 잎과 줄기의 발달에도 도움을 준다. 반면 밑거름으로 많은 양의 비료를 동시에 주면 염류장해를 일으킬 수 있고 질소 비료가 일찍 소모되어 후기 생육이 불량해질 수 있다. 가능하면 질소는 2회로 나눠서준다. 모든 작물은 잎이 먼저 커야 열매와 뿌리도 커질 수 있다. 그래서 작물을 재배할 때 잎의 성장은 가장 먼저 필요하다.

인산(P)

가지와 잎의 생장을 충실하게 하고 탄수화물 대사에 중요한 역할을 한다.

인산 그 자체가 단백질 합성에 중요한 성분이 되기 때문에 과실의 수량을 증가시키는 한편, 단맛은 높이고 신맛은 감소시켜 과실의 품질이 좋아진다.

결핍 증상 꽃과 잎의 광택이 줄어들며, 줄기는 가늘어지고 작아져 병에 걸리기 쉽다.
과다 증상 길항작용이 발생해 마그네슘(Mg)과 철(Fe)의 흡수를 방해해 생육이 억제된다.

인산은 그해에 15~20%만 흡수하고 나머지 80% 내외는 토양 속 칼슘, 철, 알루미늄, 망간 등과 결합하여 잘 녹지 않는 화합물이 되어 잔류하다가 다음 해에 이용된다.

칼륨(K)

작물 세포 속에 존재하면서 체내 pH의 급격한 변화를 억제시키고, 탄수화물 대사, 호흡 작용, 광합성 작용, 단백질 합성, 엽록소 생성 등에 필요한 역할을 하는 것으로 알려져 있다.
단백질과 전분을 만들며 뿌리와 줄기 등을 튼튼하게 한다.

결핍 증상 줄기가 연약해지고 잎 색깔이 옅어진다.
과다 증상 양분의 균형적인 흡수가 방해된다.

질소 다음으로 많이 흡수되는 원소로 질소와 함께 재배 기간이 긴 작물은 웃거름으로 보충해 준다.

이 3요소는 서로 상호작용 없이는 작물이 성장하지 못하기에 복합비료가 만들어졌다. 그 외 소량이지만 꼭 필요한 칼슘, 마그네슘, 황이 있는데 석회로 잘 알려진 칼슘은 토양을 개량하는 일을 하고 있으며 작물의 세포막을 형성하는 중요한 기본 구성 성분이다. 각종 생리활동 전달자 역할로 세포의 신장과 삼투조절을 관여한다.
고토라고 부르는 마그네슘은 엽록소를

세포분열과 신장이 불량해진 딸기 잎 사진.

만들어 광합성을 하면서 탄수화물을 생성시켜 당도를 높인다. 부족하면 잎이 황색으로 탈색된다.

황은 단백질, 비타민 등 중요한 화합물을 만들고 생리 조절 작용을 한다. 황은 산성이기 때문에 토양이 산성으로 변하게 되므로 농사를 시작하기 전에 석회를 뿌려주는 이유이다.

질소(N)	생육
인산(P)	꽃, 열매, 잎, 뿌리를 만드는 일에 관여하며 과일의 당도에도 영향을 미친다.
칼륨(K)	줄기를 튼튼하게 하고 식물의 잎, 줄기, 뿌리로 영양분 이동을 돕는다.
칼슘(Ca)	과일 품질
마그네슘/고토(Mg)	광합성
황(S)	맛과 향
붕소(B)/붕사/붕산	모양, 크기 및 뿌리 발육부진, 생육부진/결실장애 예방

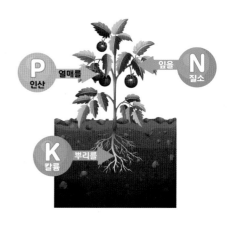

질소(N).

인산(P).

칼륨(K).

화학비료와 유기질비료

사람들은 흔히 유기질비료는 천연성분을 원료로 만든 친환경적인 것이고, 화학비료는 공장에서 '화학적인 인공물질'로 제조하는 것이기에 유해하다고 생각한다. 그러나 화학비료는 화학적으로 합성한 물질이 아니라 인광석, 유황, 염화칼륨, 암모니아 등과 같이 자연에 존재하는 물질로 만드는 무기질 양분이다. 또한 농업 생태계에 투입된 후에도 원활한 물질 순환 과정을 거치므로 유해하지 않다.

유기질비료를 적정량 이상 사용하면 토양에 양분이 과다하게 축적되어 심할 경우 염류집적을 일으킬 수 있다. 특히 완전히 부숙(완전히 발효시킨)되지 않은 유기질비료를 사용하면 땅 속에서 부숙 과정을 거치면서 유해물질이 발생할 가능성이 높다. 이런경우 유기물질들이 무기화되면서 양분이 과다하게 공급되어 암모니아와 같은 독성 가스가 발생하기도 하는데 암모니아 독성 중독은 작물에 치명적인 피해를 입힌다.

모든 작물은 무기질화된 양분을 흡수한다. 따라서 유기질비료도 땅 속에서 미생물에 의해 분해되어 유기질 성분이 무기질 영양분으로 전환된 후에야 작물에 흡수될 수 있다.

결국 화학비료와 유기질비료를 통해 작물에 흡수되는 영양분의 차이는 전혀 없다.

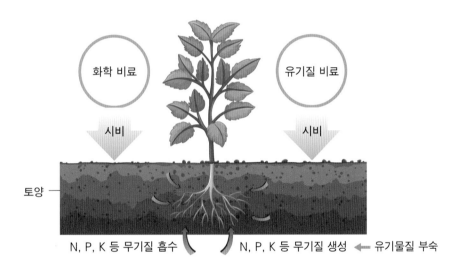

화학비료 및 유기질비료 양분의 작물 흡수 과정.

복합비료

복합비료는 작물에 많이 필요하며 농지에 부족하기 쉬운 '비료의 3요소'인 질소, 인산, 칼륨 3가지 성분이 함유되어 가장 많이 사용하는 기본 비료이다.

함유량.

비료를 구입할 때는 비료 성분의 함유량을 꼭 확인해야 한다. 21-17-17은 각각의 비료 성분의 함유량이다. 뒷면에는 300평 노지 기준의 권장 시비량을 명시하고 있는데 이 기준을 준수해야 한다.

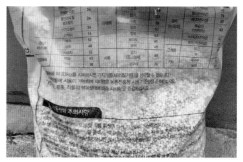

시비량 및 주의사항.

요소

요소비료는 질소질 비료에 속하여 질소 성분이 46%면 요소비료로 분류한다.

시중에 파는 요소비료로 8가지만 확인해 보면 질소 함유량이 유안비료 20.5%, 수퍼알알이, 웰빙요소, 입상요소, 땅심요소프릴, 동부요소, 파인요소는 모두 46%로 비교적 많은 양의 질소가 들어 있다.

요소비료 즉 질소비료는 잎만 왕성하게 크게 하는 영양제라서 열매가 아닌 상추처럼 잎을 따먹는 작물이나 작물의 초기 성장에 주로 사용한다.

퇴비

토양에 유기물이 없이 무기질 비료만 사용하면 미생물의 먹이가 없어 비료를 주어도 작물이 흡수하기는 어려워진다. 자연생성 무기양분(N, P, K)을 다량 함유하고 있으며, 미생물의 먹이가 되어 분해 시 각종 아미노산, 유기산, 핵산, 부식 등이 월등하다.

현재 유통되고 있는 가축분뇨는 계분, 돈분, 우분 순으로 계분이 양분 함유량도 많고 가스도 많이 발생하기 때문에 첨가 부산물로 톱밥, 수피, 왕겨, 버섯, 해조류 등을 혼합한 뒤 일정기간 숙성하여 판매한다.

석회고토

우리나라는 대부분이 화강암, 화강편마암으로 이루어져 토양 자체가 산성이다.

그런데 사실 토양은 물만 줘도 산성으로 변하고, 미생물의 활동, 화학비료 사용, 식물이 양분을 흡수하는 행위 자체만으로도 자연적으로 산성화가 진행된다.

그래서 토양을 중화시키기 위해 보통 석회질 비료를 사용하게 되는데, 우리나라 토양은 마그네슘 함량이 낮기 때문에 마그네슘이 많이 보강되어 있는 석회고토를 가장 많이 사용한다.

매년 휴경기에 석회를 뿌려 토양을 중성화시켜 주지만 석회는 토양 개량의 목적 외에도 중요한 쓰임새가 있다. 석회의 주성분인 칼슘은 식물의 세포막을 단단하게 해주는 주요한 역할을 하고 있다. 작물에 칼슘이 부족하면 열매의 표면이 갈라지거나 썩기 때문에 비대기에는 꼭 필요한 영양소이기도 하다.

유기물과 적정시비, 산성비료 사용 자재 등 여러 가지 요인으로 산성화는 늦출 수 있지만 토양의 산성화는 막을 수 없다.

그리고 석회질 비료를 사용할 때는 질소가 함유된 비료와 함께 사용하면 안 된다. 비료에 함유되어 있는 질소 성분의 유실로 가스 발생이 많아 식물에 해가 될 수 있고, 양분의 유실을 가져오게 된다.

질소질비료 살포 전 최소 2주 전에 석회질 비료를 사용하는 것이 좋다.

작물의 칼슘 공급이 아닌, 토양의 산도 개량을 목적으로 하는 경우에는 작물의 정식 전 최소 3개월 전에 석회질 비료를 시비하는 것이 좋다.

붕소(B)/붕사/붕산 차이

붕소는 원소기호로 붕사와 붕산에 붕소의 함량으로 나뉜다.

불순물이 많은 붕사에 산을 첨가하여 나트륨(Na)을 제거하면 붕산이 된다.

붕사는 30%의 붕소 함량을 포함하고 있으며 토양에 직접 시비하는 것이 좋고 붕산은 붕소 함량이 50%로 황산을 첨가하여 나트륨(Na)을 분리한 것으로 옆면시비를 하면 효과가 빠른 속효성이다.

정리하자면 붕사는 토양에 쓰는 것이고 붕산은 잎에다가 뿌려서 빠른 효과를 볼

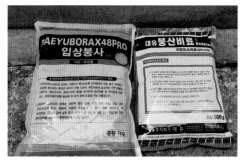

붕사와 붕산.

수 있다.

한평 텃밭에 비료 주는 요령

노지 텃밭의 작물에 비료를 줄 땐 작물에 한뼘(20cm) 정도 떨어져 사진처럼 구덩이를 조금 판 뒤 10~20g 정도 주고 질소 성분이 공중에 날아가는 걸 방지하기 위해 흙으로 덮어준다.

텃밭을 만들 때 밑거름으로 준 비료 중 질소(N)와 칼륨(K)은 시간이 지나 여러 원인으로 용탈이 된다. 대략 20-30일이

노지 텃밭 비료.

면 질소(N)부터 다음 칼륨(K)까지 토양에 별로 남아 있지 않아 보충해준다.

작물마다 다르지만 재배 기간이 긴 작물은 모종을 심고 20일쯤 1차 웃거름을 준다. 그리고 20-30일이 되면 2차 웃거름을 준다. 웃거름은 석회와 함께 주는 것이 아니므로 가스장해가 일어나지 않는다. 그리고 퇴비를 웃거름으로 주는 경우는 별로 없는 것으로 알고 있다. 이는 앞에서 설명한 바와 같이 텃밭을 만들 때 밑거름으로 준 비료 중 사라진 영양분만 보충해주는 방식이다.

화분에 비료 주는 요령

노지 텃밭과 다르게 화분과 같은 좁은 공간은 과용하면 고사할 수 있으니 한꺼번에 주기보다 화분의 크기를 보고 1~5g 정도로 조금 부족하게 준 뒤 다음에 또 주는 것이 좋다. 혹시라도 과잉이 되면 방법이 없기 때문이다.

작물마다 다르지만 보통 15~20일은 1차 웃거름을 주는 시기로, 뿌리가 아직 화분 끝까지 뻗어 나가지 않은 상태이므

1차 웃거름.

로 화분 모퉁이에 모종삽으로 흙을 떠 1
차 웃거름을 준다.

2차 웃거름.

1차 웃거름을 준 날로부터 20일 뒤 2
차 웃거름을 주는데 이땐 작물의 뿌리
가 화분 전체에 넓게 퍼져 나가 빈 공간
이 없기에 북주기처럼 모퉁이에 2차 웃거
름을 주고 흙을 덮어 물을 주면 흡수율이
좋아진다. 이로부터 다시 20일이 지나면
3차 웃거름을 준다.

웃거름(추비)에 주는 비료

1차 요소비료 -2차 NK비료 -3차 NK비료

1차 웃거름(추비)으로 요소비료를 주는 이유는 잎을 빨리 키우면 성장에 유리하기 때문이다.

텃밭을 만들 때 밑거름으로 복합비료(NPK)를 시비했다면 2, 3차 웃거름으로 인(P)이 없는 NK비료를 사용한다.

밑거름에 사용했던 복합비료(NPK)의 인(P)은 식물체에서 없어서는 안 될 중요한 성분으로 작물의 꽃과 열매 그리고 뿌리 발달을 도와주는 중요한 역할을 하며 당도를 높여준다.

하지만 질소(N)와 칼륨(K)은 비교적 흡수가 잘 되
는 반면 인(P)은 조건이 맞아야 20~30% 흡수가 되
고 나머지는 토양에 축적된다. 그래서 2, 3차 추비는
토양에 남아 있는 인(P)이 빠진 NK비료를 사용한다.

NK비료.

가정에서 3가지 비료를 다 구입할 수 없다면 가장
많이 사용하는 복합비료(NPK)를 1, 2차에 주거나 1
차 요소비료 2, 3차 복합비료 등 조금씩 다르게 조합
해서 주며 원리는 다 똑같다.

요소 희석비율

비료 뒷면에는 권장 시비량이 적혀 있다. 토양은 300평, 물은 20L(1말)을 기준으로 한다. 요소는 1000배 희석비율로 물 20L에 60g의 기준으로 2L 생수병엔 6g의 요소가 적정량이다.

가정에서 화분에 요소를 주고자 할 때 생수병 뚜껑에 요소를 가득 담으면 6g 정도의 무게가 나오니 희석해서 사용하면 된다.

화분 텃밭을 위한 준비

원예용 흙 구입

기본적으로 작물을 키우기 위해선 화분과 흙이 필요하다.

원예용 흙.

아파트처럼 흙을 구하기 힘든 주거 여건에서 살거나 해충을 무서워한다면 깨끗한 원예용 흙을 구입해 사용하는 것이 좋다.

생소한 이름으로 판매되는 흙의 이용 범위와 역할을 소개해 앞으로 재배할 작물에 적합한 흙을 선택할 수 있도록 흙을 고르는 기준을 간단하게 소개하면 다음과 같다.

상토

상토는 초기 씨앗이나 작물 배양에 유리한 흙이다.

갈색의 상토는 코코피트, 펄라이트, 피스모스, 비료 성분까지 배합이 되어 있어 씨앗을 발아시키거나 어린 작물의 초기 재배에 적합하다. 배양토로도 부르는데 대략 20~25일 정도의 양분만 들어 있기 때문에 어느 정도 모종이 크면 반드시 옮겨심기를 해주어야 한다.

물론 많은 양의 상토를 이용하면 화분에서도 작물 재배가 가능하다. 이 경우 3~4개월 정도 단기간에 재배하는 토마토, 상추, 오이 등을 키울 수 있다.

분갈이 흙

작물을 옮겨 심거나 분갈이 할 때 사용되며 상토보다 많은 영양분을 가지고 있다.

열매가 맺히는 토마토는 영양분이 풍부한 분갈이 흙을 사용하는 것이 적합하다.

단점으론 물 빠짐이 좋지 않고 흙이 굳어서 통기성과 보수성, 배수성이 떨어지게 되어 어린 식물은 뿌리를 내리기 힘들다. 따라서 단독 사용보단 마사, 펄라이트, 바크, 모래 등을 섞어 통기 및 보습력을 높여 사용해야 된다.

피트모스

피트^{Peat}(이탄), 모스^{Moss}(이끼)의 합성어로 습지대에서 이끼가 축적되어 쌓인 유기물 덩어리가 한데 모여 피트모스라고 한다.

물을 지니는 보습력이 좋아 수분을 오랫동안 유지하며 양분 보존 능력이 높고 지효성이다. 유기물 생성을 도와 토양의 미생물을 촉진시켜 토양개량제로 효과가 높다.

분해가 빠르고 입자가 고우며 뛰어난 보수성을 갖고 있어 주로 정원, 원예, 농장용으로 자주 사용된다.

피트모스는 보수성이 뛰어나기 때문에 원예용으로 사용할 때는 보통 마사 또는 펄라이트 같은 배수성이 좋은 자재랑 섞어 주어야 한다.

산도(pH) 4.0의 피트모스는 블루베리 전용으로 판매하니 산도를 확인하고 구

입해야 한다.

펄라이트

진주암을 고온에서 가열 팽창시킨 무균 상태의 인공토양으로, 강도가 높고 물에 용해되지 않으며 내화성이 뛰어나다.

화분의 물 빠짐, 물마름을 좋게 해주며 화분 속 뿌리의 산소 전달에도 도움이 된다. 무게가 가벼워 실내 원예에 많이 활용된다.

소립은 용토에 섞어주기 좋은 사이즈이며 중립은 일반 다육식물, 관엽식물 등에 많이 사용되는 사이즈이다.

바크

난, 호야, 립살리스, 데코레이션 멀칭, 화분 재배, 텃밭, 정원 등에 주로 사용한다.

해수에 젖지 않아 염분이나 해충의 피해 염려가 없고 통기성, 배수성, 보비력이 뛰어나 토양 굳음 방지 및 습기 유지에 탁월해 양란, 화분 바닥의 배수층, 멀칭용으로 활용한다.

난, 호야, 립살리스는 화분 전체를 바크로 심어주거나 난석과 5:5로 섞어 사용해도 좋다.

분갈이 시 흙과 혼합하여 사용하면 흙의 통기 보습성에 효과적이다.

또한 화분 멀칭용으로도 많이 사용되며 화분의 배수층에 마사 대용으로 사용해도 좋다.

난석(휴가토)

가볍고 잘 부서지지 않아 반복 사용이 가능하며 미세한 기공이 많아 통기성과 배수가 원활하다.

대립사이즈 같은 경우는 화분 맨 아래 배수층에 깔아주며 산도 또한 중성으로, 활용도의 범위가 광범위하다.

주로 난을 심을 때 자주 사용하며 세균이 적어 뿌리의 부패를 방지해준다.

통기성, 배수, 영양분 유지를 위해 세립, 소립 사이즈는 흙에 섞어 사용하거나 복토용으로도 많이 사용한다.

마사

화강암이 풍화되어 생긴 흙으로 배수가 잘되며 보습효과가 뛰어나 멀칭이나 배수성을 더해준다.

마사는 흙에 섞어주면 식물의 뿌리가 잘 퍼져 나가도록 도와줘 일반식물에 들어가는 흙에는 보통 20% 정도, 다육식물 같은 경우 50% 비율로 섞어주면 좋다.

소립(3~5mm) 분갈이 흙, 상토 등에 섞어 사용하기 좋은 사이즈이다.
중립(5~9mm) 상토에 섞거나 배수층에 깔아주기 좋은 사이즈이다.
대립(9~10mm) 입자가 커서 배수층에 깔아준다.

코코피트

코코넛 열매에서 원료 채취 후 남은 부산물을 곱게 분쇄한 재료로 수분을 20% 이하로 가공한 후 소독한다.

높은 보수력과 통기성이 뛰어나며 천연 발근 호르몬도 보유하고 있어 식물 재배에 많이 사용하는 재료로 피트모스 대체용으로도 사용된다.

왕겨

수확한 벼를 도정하는 단계에서 벼의 겉껍질을 벗겨낸 것을 왕겨라고 한다.

화분이나 텃밭 멀칭용(농작물 재배 시 경지 토양 표면을 덮어주는 것)이나 유기농법의 자재 등으로 많이 사용하는데 이는 잡초 방지와 보온효과, 수분 증발억제, 미생물의 증가로 토양이 개량된다.

훈탄

왕겨를 고온에서 서서히 태우면 훈탄(왕겨숯)이 만들어진다.

고온에서 태우는 과정에서 미세한 구멍이 무수히 만들어져 통기성과 보수성, 배수성을 도와주는 탄소 80%의 탄소질로, 왕겨를 열분해한 것이다.

훈탄은 토양의 산도(pH) 조절을 도와주며 향균 작용도 가능해 여름에 식물이 무르거나 흙 속의 병충해 억제효과, 탈취제 효과도 있다. 또한 토양에 산소를 보급해 배수, 뿌리의 발육에 도움을 준다.

화분 관리에 가장 중용한 것은 배수이다. 과습하면 균의 변식과 함께 통기성이 떨어져 뿌리가 썩어 버린다.

배수가 잘 되는 화분일수록 물을 자주 많이 줘도 잘 죽지 않으므로 배수에 맞춰 흙을 배합해 사용해야 한다.

이 외에도 다양한 종류의 원예용 흙이 있다. 작물을 기를 때는 빛, 온도, 습도의 환경적 영향을 받아 자라지만 어떤 흙을 이용하나에 따라 생장을 촉진하고 원하는 결과를 거둘 수 있다.

화분갈이

분갈이 없이 매년 그대로 화분을 사용한다면 정말 안 좋은 화분 관리를 하는 것이다. 가정에선 큰 화분이 아닌 작은 화분을 주로 사용하는데 작물의 뿌리는 우리가 생각한 것보다 훨씬 넓게 퍼져 생장한다는 것을 기억해야 한다. 이것을 안다면 분갈이 없이 화분을 사용할 수는 없을 것이다.

매년 텃밭 만들기처럼 화분도 굳어 있는 흙은 잘게 부수어 산소가 통할 수 있게 하고 거름을 줘 영양분을 보충해줘야 한다.

모종을 심기 전 화분 흙에 석회, 퇴비, 비료를 넣고 잘 섞어 주면 되지만 몇 개 안 되는 작은 사이즈의 화분만 관리한다면 밑거름으로 퇴비 정도만 추가해주면 된다.

화분갈이를 통해 땅이 부드럽고 흙의 알갱이 사이에 공극이 있으면 뿌리의 생육 또한 용이하다.

화분에 따른 분갈이 흙 필요량 계산하기

용량 계산은 정확한 용량과 차이가 있으므로 참고용으로만 사용하길 바란다.

※ 길이 기준단위: cm / 용량 기준단위: L(리터)

화분 종류	흙 필요량 계산
원형 화분 반지름(r) 4 높이(h) 5	$$\frac{반지름(r) \times 반지름(r) \times 3.14 \times 높이(h)}{1000}$$ 예 $$\frac{4 \times 4 \times 3.14 \times 5}{1000} ≒ 0.25 \Rightarrow 약\ 0.25L$$
육면체 화분 가로 32 세로 22 높이(h) 20	$$\frac{가로 \times 세로 \times 높이(h)}{1000}$$ 예 $$\frac{32 \times 22 \times 20}{1000} ≒ 14 \Rightarrow 약\ 14L$$
원뿔대 모양 화분 윗변($r1$) 5 높이(h) 15 아랫변($r2$) 8	$$\frac{[\{(r1 \times r1) + (r2 \times r2) + (r1 \times r2)\} \times 3.14 \times 높이(h)] \div 3}{1000}$$ 예 $$\frac{[\{(5 \times 5) + (8 \times 8) + (8 \times 5)\} \times 3.14 \times 15] \div 3}{1000} ≒ 2 \Rightarrow 약\ 2L$$

화분 텃밭의 시작

 화분 흙에 퇴비 넣어 재사용하기

화분

이 책의 작물들은 아래 화분을 기준으로 재배하였으며 개략적인 혼합방식으로 계산한 혼합토(상토, 배양토 또는 분갈이 흙+퇴비) 소모량을 소개하고 있다. 따라서 재배작물이나 텃밭 설치 여건에 따라 동일하게 적용될 수 없는 점에 유의하시길 바란다.

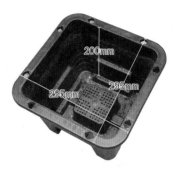

규격(외형치수) 넓이 295mm × 295mm × 높이 200mm

용도 상추, 딸기 고추, 피망, 토마토, 블루베리 등

내용 약 10L

약 10L 용량은 작물을 재배하는 데 부족한 면이 있다. 대체로 뿌리가 넓게 퍼지는 만큼 10L는 좁은 공간이라 뿌리에 닿지 않게 비료를 주어야 하므로 신중해야 한다.

작물 재배 화분 사이즈.

작물을 재배하기 위한 적당한 용량은 20~30L 정도로, 경험상 이 정도는 되어야 노지의 작물처럼 크게 자랄 수 있다.

흙

상토는 양분이 적절히 함유되어 있는 흙으로, 가볍고 배수성이 좋아 대부분의 채소가 잘 자라며 쉽게 구할 수 있다. 단 보습력이 떨어져 촉촉함을 유지해주어야 한다.

이 책에 나온 작물은 상토를 이용해 재배 했다. 그런데 상토는 20일 정도의 비료 성분만 포함하고 있으므로 3~4개월 재배하는 작물은 웃거름을 공급해 부족한 영양분을 채워줘야 한다. 작년에 사용한 상토는 재사용을 할 수 있게 〈텃밭 만들기〉와 같이 화분의 흙을 부드럽게 해주고 석회고토와 퇴비를 추가하여 작물을 심기 전 필요한 영양분을 미리 보충해준다.

화분의 물 관리

한낮의 최고 기온이 25℃ 이상 올라갈 때 야외에서 키운다면 매일, 베란다에서 키운다면 2~3일에 한 번 정도 물을 주어야 한다.

화분 크기나 온도, 일조량에 따라서 물의 증발량 차이가 있으므로 2주 정도는 자세히 관찰하면서 물주는 주기를 알아두어야 한다.

작물 재배 시 환경과 작물에 따라 차이는 있지만 자주 관수를 하지 않으면 빨리 메마를 수 있으므로 보습력이 충분하도록 토양을 조성해주는 것이 좋다.

씨앗 보관

사용한 씨앗은 수분 증발을 막기 위해 지퍼백에 밀봉하여 냉장실에 보관한다.

품종, 재배법, 재배일정표, 발아율, 생산년도 등 꼭 필요하면서도 기본적인 정보들이 담겨 있는 씨앗 봉투도 함께 보관한다.

가을에 받은 씨앗은 종이봉투에 넣어 서늘한 곳에 보관하고 휴면 타파를 안 해도 발아가 잘되니 이듬해 봄 그대로 씨앗을 파종하면 된다.

식물의 구성

식물의 줄기가 덩굴지는 성질을 가진 오이, 멜론, 참외, 수박 등 박과채소를 기르기 위해 공통적으로 알아둬야 할 명칭이 있다.

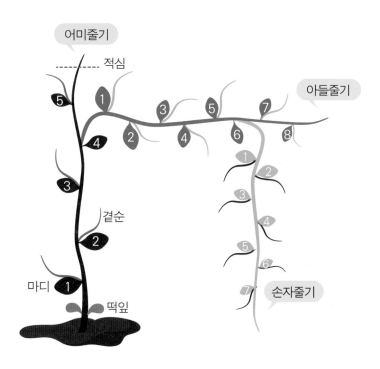

떡잎   씨앗에서 처음 나오는 싹으로 양분을 저장하고 있는 잎

마디   식물의 줄기에서 잎이 나는 부분.

곁순   잎과 줄기 마디마디에서 나오는 줄기를 말한다. 이 곁순을 따주는 것을 곁순따기, 곁순제거라고 한다.

어미줄기(원줄기)   씨앗의 떡잎에서부터 올라오는 줄기

아들줄기   어미줄기에서 나온 곁순

손자줄기   아들줄기에서 나온 곁순

적심(순지르기. 순막기, 순치기)   생장점을 잘라 성장을 멈추게 한다.

part 2

나만의
화분 텃밭으로
풍성한 식탁을!

Gardening time

상추 키우기 1편

상추 키우기 2편

상추

한여름과 겨울이 아니라면 언제든 키울 수 있는 작물이 상추이다.

그만큼 우리 식탁에 친숙하여 부담 없이 키울 수 있는 채소로 가장 사랑받는 쌈채소이다.

하지만 키우는데 있어서도 실패를 많이 하는 작물이기도 하다.

환경 조건

상추는 서늘한 기후를 좋아하는 호냉성 채소로, 보통 5~20℃ 정도에서 잘 자란다. 따라서 더위에 약하여 생육기간 중 온도가 높아지게 되면 쓴맛이 증가하고, 꽃눈 형성이 빨라져 꽃대가 올라온다.

햇빛의 세기   재배 조건에 낮의 길이는 그다지 문제되지 않는다. 일조량이 좀 부족하더라도 재배는 가능하다. 하지만 햇빛을 충분히 받을 수 있다면 더 풍성하게 키울 수 있다.

토양 조건   통기성과 수분 함량이 충분한 토양이라면 어디서든 잘 큰다.

토양 산도   pH5.7~7.2 정도가 좋으며 5 이하의 산성토양에서 생육이 저하된다.

📒 재배 일정

월	1 상	1 중	1 하	2 상	2 중	2 하	3 상	3 중	3 하	4 상	4 중	4 하	5 상	5 중	5 하	6 상	6 중	6 하	7 상	7 중	7 하	8 상	8 중	8 하	9 상	9 중	9 하	10 상	10 중	10 하	11 상	11 중	11 하	12 상	12 중	12 하
봄재배										●			▽		▨	▨	▨	▨	▨																	
여름재배																●				▽		▨	▨													
가을재배																								●		▽		▨	▨	▨	▨	▨				

● 씨뿌리기   ▽ 아주심기   ▨ 수확

밭 만들기

국내에서 주로 재배되는 상추는 재래변종인 축면 포기 잎상추(적축면, 청축면)와 잎을 하나하나 따면서 수확하는 치마 잎상추(적치마, 청치마)이다.

상추는 산성토양을 싫어해서 정식 2주 전에 석회를 뿌려 중성화하는 것이 좋다.

땅을 갈아엎은 다음, 퇴비와 복합 비료를 밑거름으로 넣어 삽으로 뒤짚어 주고 씨앗 뿌리기 일주일 전에 이랑을 만들어 놓는다.

상추는 생육기간도 짧고 뿌리도 잘 발달하지 않으므로 밑거름 위주로 주고 잎채소이므로 질소 비료가 중심이 되어야 한다.

밭갈이 후 너비 100cm 높이 30cm 이랑을 만들어준다.

상추 텃밭은 평이랑을 이용

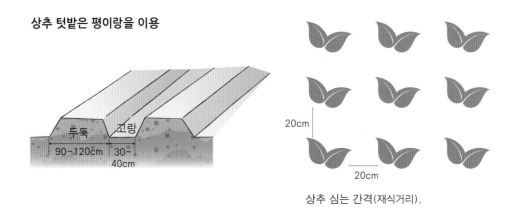

상추 심는 간격(재식거리).

토질은 특별히 가리지 않으나 물 빠짐이 좋은 모래 흙이 좋다.

베란다 화분 텃밭 만들기

베란다 화분에서 상추 키우기는 물과 햇빛, 공기 순환이 잘 되면 문제없이 키울 수 있다.

상추가 크기 위한 일조량은 3시간 정도면 충분하지만 햇빛이 부족하여 웃자라는 경우에는 일조량을 늘려주고 바람이 잘 통하도록 하는 것이 중요하다. 작물들은 자신만의 영역이 필요하니 밀식재배로 스트레스를 받지 않게 넓게 심어 주는 것이 좋다.

모기르기

발아온도 15~20℃

씨 뿌리는 방법 점뿌림, 줄뿌림, 흩어뿌림

점뿌림 점뿌림을 할 때는 3립 정도를 넣고 나중에 건강한 모종 1개만 남겨서 키운다.

싹트는 기간 파종 후 7일

모 기르는 기간 봄/가을(30일), 여름(25일), 겨울(35~40일)

씨앗 파종.

상추는 서늘한 기후를 좋아하는 특성이 있어 봄, 가을이 재배의 적기이다.

대표적인 광발아성 채소이므로 씨앗이 보이게 심어도 된다. 복토는 아주 얇게 해주며 건조하면 피해를 받기 쉬우므로 씨앗을 심은 뒤에는 싹이 나올 때까지 흙이 마르지 않게 물을 뿌려 주어야 한다. 기온은 10℃ 이하이거나 30℃가 넘으면 발아율이 저조하므로 기온에 맞춰 파종한다.

씨앗 파종은 발아하면 솎아주고 본잎이 1~2매 전개되었을 때 포트나 어린 육묘상에 가식한다. 때때로 포트당 2~3립의 종자를 파종하여 발아 후 1주만 남기고 본잎이 4~5장 가량 되면 본밭이나 화분에 아주심기를 해준다.

보통 봄상추는 2~4월에 파종해서 5~6월부터 수확을 시작해 장마철까지 수확할 수 있다. 장마철이나 날씨가 더워지면 봄에 심었던 상추는 꽃대가 올라 쓴맛이 나게 되므로 여름용 청상추를 심어 수확한다. 가을 상추는 8~9월에 파종하여 10월~11월 수확한다.

아주심기

정식시기   본 잎이 5~6장 전개되었을 때 정식한다.

이랑나비   150~180cm

포기 사이   20×20cm

고온기 차광   30% 차광

5월 화분 정식.

모종 심는 간격을 20cm 정도로 넓게 심어주면 상추가 크게 자란다.

심는 깊이는 모종 상단과 화분 토양이 수평이 되도록 심으면 된다. 모종을 심고 복토하기 전에 물을 충분히 줘야 뿌리 활착이 잘 된다.

상추를 키울 때는 공기 순환이 잘 되고 해가 잘 드는 곳에서 키우는 게 가장 좋다.

기온이 약 15~20℃ 정도의 기온에서 잘 자란다. 봄 가을에는 적상추를 여름에는 청상추를 길러 먹는다.

적상추.

청상추.

로메인 상추.

상추는 더위에 약하기 때문에 날씨가 더워지면 꽃대가 나올 수 있고 쓴맛이 증가한다.

농사 경험이 많지 않은 사람은 모종을 구입하여 정식하는 걸 추천한다. 실패 확률이 적고 재배 기간이 짧아

상추 꽃.

몇 주 안에 수확할 수 있다.

햇볕 관리

비교적 낮은 광도 하에서 광합성을 원활히 할 수 있는 채소지만 가급적 광을 잘 받을 수 있도록 관리해야 한다.

여름철 고온기에는 30% 차광을 해준다.

차광율이 35%를 넘을 경우에는 상추가 웃자라며 추대가 빨라져서 수량이 떨어진다.

5월 상추.

5월이 되면 강한 햇볕과 고온을 피해 반그늘로 자리를 옮겨 주었다.

물주기

상추는 상당한 양의 수분을 요구한다.

특히 발아기와 생장기에 많은 수분을 필요로 하기 때문에 생육기간 중 일정량의 토양 수분이 유지되어야 한다. 그러나 지나친 과습은 오히려 토양에서 양분과 수분 흡수를 어렵게 하여 생리장해를 유발한다. 따라서 상추 재배에 적합한 토양은 보수와 배수가 양호한 사질양토나 점질양토이다.

상추에 물을 줄 때는 아침 또는 저녁에 주는 것이 좋고 발아하거나 어린 모종은 건조하지 않게 자주 물을 주는 것이 좋다.

웃거름

상추는 다른 작물에 비해 생육기간이 짧은 편이지만 비료를 무시할 수는 없는 작물이다.

특히 여름재배에서는 영양분이 부족할 경우 추대가 빨라지므로 밑거름과 웃거름을 소홀히 해서는 안 된다.

웃거름은 심고 나서 15~20일 간격으로 질소비료를 1~2회에 걸쳐 포기 사이의 흙을 파고 뿌리에 직접 닿지 않게 시비한다. 상추는 잎채소이기에 질소 성분이 있는 복합비료나 NK비료를 넣어주면 된다.

수확

봄에 심은 상추는 5~6월이 가장 맛이 좋다.

파종 후 40~50일 지나 상추의 영양생장이 어느 정도 이루어지며 상추 잎줄기가 경화되어 단단해지면서 부러지는 느낌이 들 때 아랫잎부터 줄기 가까이에서 돌려서 깔끔하게 뜯어낸다.

꼬투리를 남겨 끊어 따면 상처에 감염이 될 수 있다.

일주일에 한번 정도 수확하면 잎을 어느 정도 남겨주며 것이 적당하다. 작물이 스트레스를 받고 생육환경이 급격히 나빠지게 되면 자손을 번식하기 위해서 생식생장으로 전환하게 되기 때문이다.

상추 씨앗받기

장마와 뜨거운 여름이 시작하는 7월을 전후로 고온을 만난 상추는 생식생장으로 넘어가 뻣뻣하고 억세지며 추대가 올라 더 이상은 수확이 어렵다.

상추가 다 자라고 꽃대가 서면 꽃이 맺히고 안에서 씨앗을 얻을 수 있다.

상추 씨앗을 받으면 여유 화분에다 바로 파종한다.

본잎이 4~5장 정도 나기 시작하면 이제 다른 흙으로 옮겨 심어도 된다.

8월의 추대.

9월 파종하는 가을 씨앗 .

파종 일주일 후.

10월 수확.

8월~9월에 파종한 씨앗은 10월~11월
에 다시 수확할 수 있다.

11월 수확.

병충해

병해 균핵병, 노균병, 시들음병, 흰가
루병, 잿빛곰팡이병

충해 진딧물, 총채벌레, 뿌리혹선충,
민달팽이

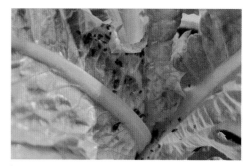

진딧물 발생.

깻잎

철분의 함량이 높을 뿐만 아니라 비타민, 무기질, 칼슘이 풍부해서 식탁 위의

명약으로도 불리는 깻잎은 쌈 채소로도 많이 먹지만

깻잎장아찌, 깻잎조림, 깻잎전, 깻잎김치 등 다양한 요리재료로도 사랑받고 있다.

환경 조건

싹트는 온도	10~25℃
잘 자라는 온도	낮 15~25℃, 밤 5℃ 이상, 17℃ 이하이면 생육이 떨어지고 7~8℃ 이하에서는 저온피해를 입게 되며, 특히 서리에 약하다.
햇빛의 세기	호광성 작물이므로 빛을 잘 받을 수 있게 하는 것이 중요하다.
토양조건	토양은 가리지 않으며, 양토나 사질양토가 적당하다.

재배 일정

월	1			2			3			4			5			6			7			8			9			10			11			12		
	상	중	하	상	중	하	상	중	하	상	중	하	상	중	하	상	중	하	상	중	하	상	중	하	상	중	하	상	중	하	상	중	하	상	중	하
일정										●								▨	▨	▨	▨	▨	▨	▨	▨	▨	▨									

● 씨뿌리기　▨ 수확

 다이소 들깨(깻잎) 키우기

밭 만들기

거름주기(10m², 3평 기준)

밑거름 퇴비 16.7kg, 석회 500g (밭갈기 2~3주 전)

질소 17.3g, 인산 55g, 칼륨 14g (이랑 만들 때)

이랑 만들기

아주심기 5~7일 전

모 기르기

파종 전후 토양의 수분을 충분하게 유지시켜 발아율을 높이는 것이 중요하다. 들깨 알이 작기 때문에 깊이 심으면 발아율이 떨어지므로 얕게 심고 흙으로 잘 덮어 토양이 마르지 않도록 신경 써야 한다.

씨 뿌리는 방법 점뿌림

씨 뿌리는 깊이 1cm

파종 개수 3~5립

모 기르는 기간 70~80일

모 기르는 온도 낮 20~25℃, 밤 5~10℃

발아 직후(본엽 1~2매시)부터 2회 정도 솎음작업을 하고 최종적으로 1개체만 남긴다.

들깨는 잎들깨용과 들기름용 씨앗을 수확하는 데 목적이 있기 때문에 목적에 따라 품종을 잘 골라서 심어야 한다. 잎 수확을 목적으로 할 때는 반드시 잎들깨 전용품종을 선택해야 한다.

발아한 들깨.

잎들깨 품종 상엽, 소임, 만백, 보건, 늘보라, 새보라, 남천

기름용 품종 다유, 들샘, 백진, 단조, 안유, 소담, 다미

깻잎을 재배하려면 땅에 종자를 직접 뿌리거나, 2주 정도 자란 모종을 구입해 옮겨 심으면 된다.

밭에 들깨를 직파할 경우 이랑너비는 60cm에 주간거리(포기 사이)는 25cm가 적당하고, 한 구멍에 5~6알 정도 심는다. 초기 발아 후에는 가장 건강한 1개체만 남기고 솎아준다. 흩어뿌림도 가능하지만 종자가 많이 소요되므로 가능한 한 점파를 하는 것이 좋다.

땅에 씨를 뿌려 키운 깻잎.

키우기

4월 중순에 파종하여 20~30일 모를 기른 뒤 서리 피해가 없는 5월경에 정식한다.

물은 토양이 촉촉할 정도로 유지하여 잎이 시들지 않게 한다.

간격이 좁으면 위로 크고 간격이 넓으면 옆으로 성장하니 60cm 정도 간격을 두고 넓게 키운다.

장마가 시작되면 녹병이 발생하고 생육부진으로 수량이 감소하기 때문에 물이 잘 빠지도록 해준다. 농약을 사용하지 않을 경우 병에 걸린 부위를 잘라 확산을 막는다.

어린 모종 아주심기.

재식 간격을 넓게 해준다.

웃거름

재배 기간이 긴 만큼 웃거름 위주로 시비가 필요하다.

아주심기 후 NK비료나 복합비료를 20~25일쯤 웃거름으로 준다. 계속해서 10~15일 간격으로 소량씩 자주 주는 것이 좋으며 수확 종료 20일 전까지 시비하는 것이 좋다.

들깨가 튼튼하게 크기 위해서는 양분이 적절히 공급되고 유기물이 많아야 하며 공기 순환이 잘되는 간격으로 심어 햇빛을 골고루 받을 수 있도록 해야 한다.

수확

파종 후 40~50일이면 수확이 가능하며 9월까지 계속 수확할 수 있다. 아래쪽에서 위 쪽으로 잎을 따는 방식으로 수확한다.

잎을 너무 많이 따게 되면 광합성을 할 수 없게 되니 생장점의 잎은 남겨두며 개화기 인 9월 하순까지 수확이 가능하다.

채종

9월 하순부터 낮의 길이가 짧아지면 꽃이 보이기 시작하고 잎이 작아지며 맨 위에는 더 이상 새로운 잎이 나오지 않게 된다. 10월 상순에 접어들면 들깨의 줄기와 잎이 누렇 게 변하고 줄기를 흔들면 종실(열매 또는 씨앗)이 떨어지기 시작한다.

종실은 땅에 떨어지기 쉬우므로 흐린 날 아침이나 저녁에 수확한다.

수확 후에는 공기 순환이 잘 되는 곳에 충분히 말려서 저온 저장을 한다.

들깨 꽃.

들깨 성숙기.

들깨 성숙기 화방.

들깨 건조.

병충해

병해 잿빛곰팡이병, 노균병, 역병, 균핵병

충해 담배나방, 파밤나방, 거세미나방, 진딧물, 민달팽이

텃밭용 잎들깨는 농약을 뿌리지 않기 때문에 병이 발생한 잎은 즉시 잘라 제거해주어야 한다.

깻잎의 효능

우리나라 식탁에 자주 오르는 매우 중요한 채소 중 하나인 깻잎은 노화 예방에 좋은 항산화 효능과 시력 보호에 도움을 주는 베타카로틴 등이 풍부하다. 올 여름 직접 키워서 먹어보자.

화분에 토마토 키우기

자연발아 토마토 키우기

토마토

토마토는 텃밭이나 화분에 누구나 쉽게 키울 수 있는 식물로
병충해 및 재배가 쉬운 편이다.
또한 큰 토마토나 방울토마토 모두 키우는 방법은 기본적으로 같다.
총 3개의 토마토 재배 영상을 볼 수 있는데
자연발아, 곁순, 씨앗 순으로 재배하는 과정이 담겼다.

환경 조건

싹트는 온도	28℃
잘 자라는 온도	25~27℃, 낮 25~30℃, 밤 18~20℃, 지온(땅 속 온도) 20±2℃
햇빛	햇빛을 좋아한다.
토양 조건	과습에 약해 배수가 잘 되는 토양이 좋다.
토양 산도	pH6.0~6.4
재철	7~9월

재배 일정

월	1			2			3			4			5			6			7			8			9			10			11			12		
	상	중	하	상	중	하	상	중	하	상	중	하	상	중	하	상	중	하	상	중	하	상	중	하	상	중	하	상	중	하	상	중	하	상	중	하
일정									●				🪴																							

● 씨뿌리기   🪴 아주 심기   ▨ 수확

밭 만들기

거름주기

밑거름 밭 10m²(3평 기준)에 퇴비 10~20kg, 석회(고토석회) 1~2kg, 붕소(붕사) 10~20g을 시비한다.

이랑 만들기

25~30cm 높이. 노지 재배는 비닐 멀칭을 하여 지온을 높인다.

모 기르기

씨 뿌리는 방법 육묘 후 정식

씨 뿌리는 깊이 5~10mm

싹 트는 온도 25~30℃

싹 트는 기간 4~5일

모 기르는 기간 여름 30~50일, 겨울 60~70일

모 기르는 온도 낮 최고기온 28℃ 이하, 밤 18℃로 관리

텃밭에 3월 하순에 씨를 뿌려 5월 상순경에 아주심기를 한다. 저온기 육묘는 50~70일, 고온기 육묘는 30~40일 전에 실시한다.

아주심기

모종은 제1화방의 꽃이 약 10% 정도 개화된 묘일 때 옮겨심기를 한다.

직접 씨를 뿌려 키우면 시간이 오래 걸리기 때문에 보통 가정에서는 모종을 사다가 키우면 편리하다.

밭에 모종을 심을 때는 배수가 잘 되도록 두둑을 높게 만들어 심어준다. 모종과 모종의 간격은 90×40~50cm 정도로 두고 심고 지주대를 박아 줄기가 넘어지지

않도록 고정시켜 키우면 된다.

모종을 심은 후 뿌리가 땅에 제대로 내릴 때까지 시들지 않게 물을 준다.

화분에 심는 방법도 이와 같다.

냉장고에 있는 토마토로 모종 만들기

씨앗이나 모종을 구입하지 않고 먹기 위해 사놓은 토마토로 모종을 만들 수 있다.

4월 초 토마토를 사서 씨앗을 바로 상토에 묻으면 10일 후에 많은 토마토 모종을 만들 수 있다.

토마토는 채소들 중에서 발아율이 가장 좋은 종에 속하며 모종 만들기가 쉽다. 씨앗을 심은 지 약 60일이면 꽃이 피기 시작한다.

시장에서 구입한 무지개 토마토.

모종 만들기.

곁순제거

뿌리 활착 후 줄기는 노끈이나 토마토 집게를 이용해 지주대에 묶어 준다.

곁순제거는 방울토마토나 일반 토마토 모두 방법은 같다.

토마토 1화방이 나올 시기에 줄기와 잎의 겨드랑이에서 곁순들도 나오기 시작한다. 원줄기 중심으로 키워야 하므로 다른 곁순을 모두 제거한다.

실수로 원줄기를 제거했다면 곁순 중 하나를 원줄기처럼 키우면 된다.

곁순을 방치하면 원순보다 굵어져 원순과 곁순의 구별이 어렵고 곁순의 줄기에서 또 곁순이 나와 잎만 무성해지면서 햇볕과 바람을 막고 토마토 열매에 갈 영양분을 빼앗기 때문에 곁순제거는 수시로 해주어야 한다.

원줄기 하나를 지주대에 묶어 직립으로 키우면 햇볕을 많이 받고 바람도 잘 통해 잘 자라고 수확량도 많다.

원줄기와 잎줄기 사이 곁순.

곁순으로 모종 만들기

토마토 곁순으로도 토마토를 키울 수 있다. 모종이 더 필요하거나 시간차를 두고 수확하고자 할 때 사용할 수 있는 방법이다.

토마토 곁순을 모종으로 키울 땐 땅에 직접 삽목하는 것보다는 햇볕 아래 물꽂이를 하면 훨씬 빠르게 새 뿌리가 나온다. 아래 사진과 같이 뿌리가 나오면 10일 정도 키워서 새 화분에 옮겨 심으면 된다.

곁순 모종은 성장이 멈추고 새 뿌리가 자라 열매를 맺기까지 한 달 정도 걸린다.

곁순의 뿌리.

토마토가 열린 곁순.

곁순 키우기

순지르기(생장점 자르기)

순지르기는 원줄기의 생장점을 잘라서 성장을 멈추게 하는 것으로 적심이라고도 한다.

원줄기는 계속 위로 성장하는데 너무 커지면 관리가 힘들기 때문에 본인의 어깨 정도의 적당한 높이나 지주대 높이만큼에서 생장점을 잘라준다. 그런 뒤 적당한 위치의 아래 잎줄기에서 다시 곁순 하나를 원줄기처럼 키워 나간다. 이렇게 토마토의 높이를 조절하며 관리 재배한다.

생장점 적심.

베란다 토마토 인공수정

노지에서는 벌 또는 불어오는 바람이 자연스럽게 수정을 돕지만 집에서 키우는 토마토는 열매가 달리지 않는다면 인공수정을 해줘야 한다.

1 공기 순환이 잘 되는 베란다에서 키울 경우 자연바람으로도 수정이 된다.

2 공기 순환이 잘 되지 않는 곳이라면 꽃이 피면 손으로 살살 만져 준다.

3 면봉을 이용해 꽃의 중앙 부분을 비벼서 수정한다.

면봉을 이용한 인공수정.

웃거름

토마토 추비는 자라는 상태를 보고 시기에 맞춰 20~25일 간격으로 한다.

1차 토마토의 1화방에서 열매가 달리기 시작할 때쯤 복합비료 또는 NK비료를 5g 정도 수저에 담아 한 뼘 정도 떨어져 준다.

2차 추비는 1차 추비 후 20~25일 지나 NK비료를 5g 정도 준다. 3차 추비도 2차 추비와 같은 방식으로 진행한다.

만약 잎색이 검게 되었다면 질소 과다이므로 질소질 비료를 적게 줘야 하고 잎 끝이 타들어 갔다면 뿌리에 닿기 때문에 관수를 통해 질소를 용탈시켜 준다.

이렇게 추비량을 조절하면서 토마토를 키우다가 수확 종료 30일 전에는 끝내야 한다.

1차 웃거름.

질소질 비료에 타들어간 잎.

수확하기

토마토는 7월부터 9월까지가 제철로 꾸준히 수확할 수 있다.

수정 후 3~5일이면 착과되기 시작하고, 30일 후에는 과실 비대(몸집이 크는 시기)가 거의 완성된다.

저온기에는 45~50일, 고온기에는 35~40일이면 수확할 수 있다.

그리고 첫 열매 수확 후 늙은 잎과 시든 잎을 제거해 주는 것이 좋다.

잘 익은 방울토마토.

흑토마토.

생리장해

잎, 줄기 생리장해　상경, 순멎이, 붕소 결핍 등 각종 비료요소 결핍증, 부정아 발생, 착
과제 과다 증상

과실 생리장해　배꼽썩음병과, 줄썩음과, 열과, 착색불량과, 그물과

과일 비대기에 석회가 부족할 경우 배
꼽썩음이 쉽게 나타날 수 있으니 석회를
충분히 시용하며 본 밭 갈이 시 깊이갈이
를 한다.

과일 생리장해는 방울토마토가 익으면
서 갈라지는 현상으로, 건조한 상태에서
장마철 비가 많이 오면 과다한 수분을 먹
어 열매가 팽창하면서 표면이 갈라지게
된다.

토마토 열과.

병해　겹둥근무늬병, 잎곰팡이병, 잿빛곰팡이병, 흰가루병, 역병
충해　작은뿌리파리, 가루이류, 아메리카잎굴파리

토마토의 효능

채소임에도 우리나라에서는 과일처럼 먹는 토마토는 라이코펜, 베타카로틴 등 항산화 물질이 많으며 구연산, 사과산, 호박산, 아미노산, 루틴, 단백질, 당질, 회분, 칼슘, 철, 인, 비타민 A, 비타민 B_1, 비타민 B_2, 비타민 C, 식이섬유 등 무기질과 비타민 함량도 높다.

따라서 뇌졸중과 심근경색, 암 예방에 좋으며 혈당 저하에도 큰 도움이 되는 채소이다. 이런 토마토의 요리법은 다양하지만 열을 가했을 때 체내 흡수율이 높기 때문에 요리를 해서 먹는 것이 더 좋다고 한다.

토마토를 이용한 다양한 음식들.

고추

고추는 한해살이 가지과 식물로 우리나라 대표적인 양념재료다.
우리나라 사람들은 매운 음식을 먹으면 스트레스가 발산된다며 많은 매운 음식을
먹는데 이는 사실이다. 고추의 캡사이신 성분은 대뇌를 자극해 자연 진통제인
엔트로핀을 분비하도록 하며 이는 스트레스 해소에 탁월한 효능이 있다고 한다.

환경 조건

싹트는 온도	25~32℃ (적어도 20℃ 이상은 되어야 함)
잘 자라는 온도	낮 25~30℃, 밤 18~20℃ (10℃ 이하는 생육 정지)
토양조건	수분을 잘 보유하고 물 빠짐도 잘되는 양토 또는 식양토가 좋음.
토양산도	토양 적응범위는 넓은 편으로 pH 6.1~7.6 범위나 6.5 정도의 중성 토양이 적당.

재배 일정

월	1			2			3			4			5			6			7			8			9			10			11			12		
	상	중	하	상	중	하	상	중	하	상	중	하	상	중	하	상	중	하	상	중	하	상	중	하	상	중	하	상	중	하	상	중	하	상	중	하
일정				●									▽																							

● 씨뿌리기　▽ 아주 심기　▨ 풋고추 수확　■ 풋고추 및 홍고추 수확

화분에 오이맛 풋고추
키우기

시장에서 산 홍고추 키우기

밭 만들기

거름주기(면적 10㎡당)

밑거름　퇴비 10kg, 고토석회 500g(밭갈기 2~3주 전), 요소 60g, 용성인비 190g, 염화가리 30g(이랑 만들 때). (가지과 식물인 고추는 칼슘이 부족하면 배꼽썩음병이 발생한다).

이랑 만들기

아주심기 5~7일 전

1줄 재배　이랑 너비 60~90cm

토양에 비료 성분이 많고 물 빠짐이 불량할 때 사용한다. 고추가 크게 자라고 다수확을 할 수 있다.

2줄 재배　이랑 너비 120~150cm

토양의 비옥도가 떨어지는 경작지에서 밀식 재배를 할 때 유리하며, 많은 수의 모종을 심어 적당한 수확을 할 수 있다.

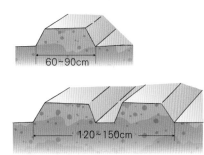

모 기르기

파종 시기　남부 2월 초~중순 / 중부 2월 중~하순

씨 뿌리는 방법　육묘

씨 뿌리는 깊이　10mm

싹트는 온도　25~32℃

싹트는 기간　4~5일

육묘 온도　22 ~ 30℃

모 기르는 기간　70~80일

모 기르는 온도　낮 22~30℃ / 밤 15℃ 이상

고추씨.

양파망에 씨를 넣어 미지근한 물에 10시간 정도 담갔다가 꺼낸 뒤 트레이에 원예용 상토를 채운 후 씨를 뿌리고 상토로 덮어준다. 그 위에 충분히 물을 준다.

고추 모종을 기르는 기간이 길기 때문에 심는 시기에 맞춰 모종을 키워야 한다.

고추 모종 육모는 온도, 햇빛, 수분이라는 이 세 가지가 기본 사항이다.

한낮에는 비닐하우스의 기온이 30℃가 넘어가면 고춧잎이 열해를 입어 타죽는 경우가 발생하며, 야간엔 기온이 10℃ 이하로 떨어지지 않도록 온상, 보온에 신경 써줘야 튼튼하게 키울 수 있다.

가식(이식)

만약 트레이에 파종하지 않고 흩뿌림으로 씨앗을 파종했을 경우 3월에 모종이 3cm 정도 자랐을 때 트레이에 가식한다.

본엽 2매.

트레이에 가식한 모종.

모종 가식 시기는 파종 후 30~40일, 본엽이 2~4매 나온 3월 1~5일 사이가 적당하다. 모종이 너무 많이 자라면 가식 작업 후 뿌리 활착도 잘 안 되고 줄기가 마를 수 있다.

4월경 요소를 2L 생수병에 6g 정도 연하게 타서 희석해 일주일에 한 번씩 2주 동안 준다.

4월 말 고추 모종에서 방아다리가 벌어지고 꽃망울도 하나씩 보이기 시작하면 본밭 옮겨심기 준비를 한다.

5월 5일 이후에 고추 옮겨심기를 하면 되는데 미리 일주일의 기온을 체크해서 냉해피해를 예방한다.

고추모를 기르는 일은 손이 많이 가고 어렵기 때문에 소규모 텃밭을 가꾸는 분들은 시장이나 종묘상에서 모종을 구입해 심는 게 더 유리하다.

좋은 고추 모종의 조건

고추 모종.

1 떡잎이 살아 있어야 한다.
   떡잎이란 씨앗에서 바로 발아된 아래 두 잎을 말한다.
   첫 고추가 열릴 때까지 떡잎이 영양 보충을 해준다.
2 웃자라지 않은 20-25cm 정도의 모종이 가장 좋으며 30cm 이하로 구입한다.
3 꽃눈이 형성되어 있어야 한다,
   꽃눈이 형성되어 있을 때가 옮겨심기 최적기다.
4 뿌리가 잘 뻗어 있고 잔뿌리가 풍성해야 한다.
   뿌리는 흰색이고 풍부해야 본 밭에 빨리 착근이 이뤄진다. 오래된 갈색의 뿌리는 밭에 옮겨 심으면 다시 새 뿌리를 내리는 기간이 필요해진다.
5 잎사귀에 충이나 병반이 없어야 한다.
   모종이 자라는 동안 잎사귀에 진딧물의 피해나 균 계통의 병반이 없어야 한다.

아주심기

정식 시기 남부 4월 하순~5월 상순 / 중부 5월 상순~중순

5월 5일 고추 정식.

몇 년 동안 봄 기온이 높아 고추 정식일이 빨라지면서 일찍 심는 경우가 있는데, 낮기온이 높더라도 밤기온과 갑작스러운 늦서리가 찾아올 수도 있으니 남부는 4월

27일 이후, 중부는 5월 3일 이후가 적당하다. 냉해를 입으면 고사, 생육 부진, 수확량 감소가 발생한다.

4월 하순 고추 모종에서 방아다리가 벌어지고 꽃망울도 하나씩 보이기 시작하면 본밭 옮겨심기 준비를 한다.

5월 5일 이후 고추 옮겨심기를 해주면 되는데 미리 일주일 기온을 체크해서 냉해피해를 예방한다.

고추는 뿌리가 약 40cm까지만 분포하는 천근성 작물로 정식 시 너무 깊이 심으면 활착이 늦고 세균이 침투할 수 있으며, 너무 얕게 심으면 건조 피해를 받을 수 있으므로 물을 듬뿍 주고 표토에서 모종의 상토가 살짝 덮히는 정도가 바람직한 심기이다.

노지의 고추는 뿌리의 활착이 안 되어 약한 바람에 쓰러지기 때문에 심은 후 가급적 바로 묶어 주는 게 좋다.

곁순 제거

곁순은 정식 20일 후쯤 제거하기 시작한다.

고추는 방아다리라는 곁가지가 생기면서 커간다. 방아다리에서 꽃이 보이고 방아다리 아래 잎에도 곁순이 나오기 시작하면 잎은 그대로 두고 아래 곁순은 제거한다. 물론 그 곁순에도 방아다리가 생기고 열매가 열리긴 하지만 곁순이 자라 곁가지가 되면 공기 순환이 취약해 병 발생이 증가한다.

잎을 제거하지 않고 두는 까닭은 잎이 많지 않은 어린 나무이기 때문에 광합성을 할 수 있도록 하기 위해서이다.

이후 방아다리 위에 고추가 열리고 가지와 잎이 풍성해져 그늘이 지면 광합성에 도움이 되지 않게 된 아랫잎이 서서히 노랗게 시들어 가게 된다. 그때 제거하면 된다.

곁순 발생.

방아다리 꽃 제거에 관해

요즘 방아다리 꽃은 빨리 제거해 주는 게 좋다는 의견들이 나오고 있다.

방아다리는 디딜방아의 다리 가지에서 유래된 말로 고추 정식 후 원줄기 1차분지에 제일 먼저 첫 번째 꽃이 달려 수정이 되면 고추가 달리게 된다.

대게 방아다리는 1~3개 정도이고 품종에 따라, 환경에 따라 더 열리기도 한다.

첫 번째 꽃을 따줄 경우 열매로 영양분을 보내지 않고 잎과 가지로 보내 성장을 촉진시켜 다수확을 할 수 있다고 한다.

고추 방아다리
디딜방아의 다리 가지에서 유래된말. 고추는 방아다리 사이에 열린다.

3차 방아다리
(3차 분지)

2차 방아다리
(2차 분지)

1차 방아다리
(1차 분지)

방아다리 첫 번째 고추 꽃은 꼭 제거해야만 할까?

방아다리의 고추 꽃을 따야 하는지 그냥 둬야 하는지 여러 의견들이 있는데 오랜 기간 농사를 지어온 농부에게 질문했더니 따줄 필요가 없다는 대답이 돌아왔다.

대규모 고추 농사를 한다면 첫 번째 방아다리 꽃을 제거하는 것은 인건비에 비해 비효율적이다. 하지만 한평 텃밭이나 화분에 키운다면 쉽게 관리가 가능하니 제거한 뒤 키워도 무방하다.

처음엔 제거한 방아다리와 차이를 보이지만 6월부터 제거하지 않은 고추와 성장세가 큰 차이 없이 비슷해지기 시작한다.

1분지의 방아다리를 제거하지 않은 고추.

방아다리를 제거한 고추.

웃거름

일반적 정식 후 25~30일 내에 추비를 준다.

1차 추비는 아직 뿌리가 많이 뻗어 나지 않았으니 요소 비료 10g 정도를 준다.

일기예보를 보고 비오기 하루 전 비료를 주거나 비가 올 때 주면 흙에 쉽게 녹아 스며 들어간다.

요소비료는 공기 중으로 날아가기 때문에 흙을 덮어준다.

2차 추비는 1차 추비를 하고 25일쯤 지나 NK비료를 10g 정도 준다. 베란다, 텃밭, 화 분 등에서 소량 재배한다면 종류별 비료 를 구비하기가 쉽지 않으므로 추비를 줄 때마다 복합비료를 줘도 된다. 3, 4차 추 비는 25일 이후 NK비료를 준다.

추비를 꼭 25일 주기로 하는 것보다는 작물의 상황을 관찰하며 비가 오기 전에 해주면 좋다.

NK비료 5g.

수확 후 관리

풋고추는 꽃이 피고 15~20일이 지나 6월 중순~6월 하순에 딸 수 있지만, 홍고추는 45~50일 정도 지나 착색이 완료되는 7월 하순부터 5~10일 간격으로 3~4회 더 수확할 수 있다.

과실을 맺고 시일이 지나 자라는 온도가 높을수록 매운맛이 강하다.

풋고추를 딸 때는 되도록 밑의 풋고추를 따고 위의 것은 붉게 익도록 내버려 둔다.

풋고추.

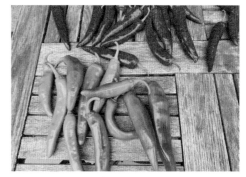

풋고추와 홍고추.

9월이 되면 쌀쌀해져 고추가 더 붉어지지 않으므로, 고춧잎새를 따서 음식 재료로 쓰고 고춧대는 뿌리 채 뽑는다.

고춧대는 그 자체가 유기물이므로 가을에 잘게 부수어 내년에 사용할 수 있게 퇴비작업을 해놓으면 좋다.

병충해

주요 병해 갈색점무늬병, 역병, 탄저병, 세균좀무늬병, 잿빛곰팡이병, 흰가루병

주요 충해 목화진딧물, 응애, 노린재, 총채벌레, 담배나방

담배나방이 구멍을 뚫은 모습.

고추의 효능

고추의 효능으로 가장 많이 알려진 것은 캡사이신 성분이 대뇌를 자극해 엔트로핀을 분비시켜 스트레스 해소에 큰 도움이 된다는 것이다.

그런데 고추에는 비타민 B와 비타민 C 그리고 베타카로틴 성분도 풍부하게 들어 있어 시력개선에 도움이 된다. 또한 캡사이신 성분은 항암효과와 암 예방에도 좋다고 한다. 캡사이신은 체지방을 분해시켜 지방을 연소시키는 역할도 하기 때문에 다이어트에도 도움이 된다고 한다.

부추

우리나라에서 사랑받는 대표적인 식재료 중 하나인 부추는 백합과의 다년생 채소이다. 씨를 뿌린 뒤 가을까지 여러 번 수확할 수 있으며 그 다음해부터는 뿌리에서 싹이 터 계속 추수가 가능하다. 영양소가 풍부하며 다양하게 이용되고 있는 식재료이다.

환경 조건

싹트는 온도	18~20℃
잘 자라는 온도	18~20℃
햇빛의 세기	빛의 양에 큰 영향을 받지는 않으나, 햇빛을 충분히 쪼여주는 것이 좋다.
토양 조건	토질을 가리지 않는 편으로, 비교적 건조에 약하다.
토양 산도	pH6.0~7.0 정도의 양토나 사양 토질에서 생육이 왕성해 양질의 다수확이 가능하다.

재배 일정

월	1 상	1 중	1 하	2 상	2 중	2 하	3 상	3 중	3 하	4 상	4 중	4 하	5 상	5 중	5 하	6 상	6 중	6 하	7 상	7 중	7 하	8 상	8 중	8 하	9 상	9 중	9 하	10 상	10 중	10 하	11 상	11 중	11 하	12 상	12 중	12 하
첫해								●						▼											▨	▨	▨	▨	▨	▨	휴면	휴면	휴면	휴면	휴면	휴면
이듬해	휴면	휴면	휴면	휴면	휴면	휴면	휴면	휴면	휴면	▨	▨	▨	▨	▨	▨	▨	▨	▨	▨	▨	▨	▨	▨	▨	▨	▨	▨	▨	▨	▨						

● 씨뿌리기　▼ 아주심기　▨ 수확

화분에 부추씨앗 키우기

화분에 부추 옮겨심고
부추씨앗 채종까지

밭 만들기

밑거름 퇴비 13kg, 석회 330g(아주심기 10일 전), 요소 174g, 용과린 400g, 염화가리
111g

4줄 재배(물 빠짐이 안 좋은 경우) 이랑 너비 80cm

5줄 재배(물 빠짐이 좋은 경우) 이랑 너비 100cm

부추는 타 작물에 비해 다비를 좋아한다. 비료는 많이 주는 편이 성과가 있으므로 충
분히 주도록 한다.

모 기르기

씨 뿌리는 방법 육묘

씨 뿌리는 깊이 5~10mm 씨앗 크기의 2~3배

싹트는 온도 20℃ 전후

싹트는 기간 10~15일

모 기르는 기간 70~80일

모 기르는 온도 18~20℃

부추는 수입품종인 그린벨트 부추와 잎
폭이 넓고 향이 강하지 않은 차이나벨트
부추를 많이 판매하고 있다. 재래종으로
는 솔부추, 파부추, 산부추 등이 있다. 솔
잎부추라고도 불리며 잎 너비가 매우 좁
고 잎은 꼬여 있다. 종자번식이 어려워 포
기 나누기 해서 키우는 영양번식을 주로

한다. 파부추는 두메부추라고도 하며 파 맛이 더 나며 솔부추처럼 잎이 꼬여 있다.

부추 종자는 수명이 짧으므로 가능하면 전년도에 생산된 종자를 쓰는 것이 좋다. 파종

적기는 3월 중순~4월 상순으로 모판에 줄뿌림 하거나 트레이에 15립 정도 뿌린 후 씨앗 크기의 2~3배 정도의 흙을 얇게 덮어준다.

물을 줄 땐 씨앗이 흘러내리거나 흙이 패지 않도록 살살 뿌려준다.

부추 씨앗.

34일 자란 모종.

아주심기

5~7월에 평균기온이 12~24℃인 기간에 충분히 물을 주고 모종을 심어 준다.

고온일 때는 수분 증발이 심하고 장마로 비가 많을 경우에는 과습으로 뿌리가 썩는 피해를 볼 수 있다.

화분 정식.

화분 재배

저온기에는 3~4일에 한 번 정도 물을 주지만 여름철에는 1~2일에 한 번씩 물을 준다.

처음엔 부추가 힘없이 얇게 자라지만 어느 정도 굵어질 때까지 순치기를 반복해주면 시간이 지날수록 잘려 나간 부분

생장점 자르기.

에서 더 굵고 튼튼하게 올라온다.

생육기간이 길며 다비성(거름이 많이 필요한 작물) 작물이므로 생육 중 비료가 부족하지 않게 완효성(비료 효과가 천천히 나타나는 것) 퇴비를 많이 주어야 한다.

날씨가 추워지는 11월 상순경부터 지상부의 잎은 말라 시들고 휴면기에 들어가게 된다. 이때가 되면 토양이 얼기 전 충분하게 관수하여, 뿌리가 안전하게 월동하여 이듬해 빨리 싹이 트도록 한다.

웃거름

1년에 2회 생육이 왕성한 봄과 가을에 시비한다.

퇴비는 봄(움트기 전의 4월 상순과 6월 중순), 가을(9월 중순)에 중점 시용한다.

수확하기

첫 해 심은 부추는 8~9월부터 수확이 가능하며 2년차에 접어들면 4월부터 수확할 수 있다.

20cm 이상 자라면 2~3cm 정도 남기고 가위로 잘라준다.

수확한 후 일정기간이 지나면 다시 새 잎이 자라나므로 이른 봄부터 늦가을까지 계속해서 수확할 수 있다. 수확 시 너무

11월 부추 수확.

깊이 베면 다음 생육이 늦어지므로 유의한다. 수확할 때마다 물과 비료를 충분히 준다.

부추 옮겨심기

부추 번식 방법으로는 봄에 씨앗을 파종하거나 뿌리나눔을 통해서 쉽게 번식할 수 있다. 척박한 토양에서도 잘 자라는 특성 때문에 뿌리나눔 번식은 연중 가능하며 번식력도 아주 좋다.

옮겨심기한 부추.

봄에 부추가 싹이 돋아나 3~5cm 높이로 자라면 뾰족한 대나무(뿌리가 상하기 쉬워 철붙이는 사용하지 않음)로 뿌리를 나누어 이랑에 심는다.

뿌리를 파서 들어내면 지온이 높아져 생장이 촉진되며 주요 해충인 부추구더기 등의 방제와 잡초방제에 효과가 있다.

꽃대 따기

2년차부터 8월이 되면 꽃대가 올라오는데 이 꽃대를 따주지 않고 그대로 방치해 두면 개화, 결실 때문에 식용으로의 생명은 끝나고 채종용만 가능해지므로 오래 수확할 거라면 빨리 꽃대를 따줘야 한다.

8월 부추 꽃대.

씨앗받기

첫해에 파종한 부추는 꽃을 피우지 않지만 2년차 부추부터는 씨앗을 받을 수 있다. 8월에 접어들면 하얀 부추 꽃을 피우기 시작한다.

부추 꽃.

단단히 여문 부추 씨앗.

씨앗 채종 후 부추.

씨앗 건조.

병충해

주요 병해 잿빛곰팡이병, 잘록병

주요 충해 뿌리응애, 파좀나방, 파총채벌레

부추의 효능

비타민 A와 C가 풍부한 부추는 독특한 향을 가지고 있다. 마늘과 비슷한 강장 효과를 보여주어 천연 자양강장제로 알려져 있으며 선조들은 봄부추가 인삼보다도 좋다는 이야기를 할 정도로 부추는 오랜 옛날부터 건강한 채소로 알려져 있다. 부추에 풍부하게 함유된 베타카로틴은 활성산소를 억제시키고 혈액순환을 원활하게 해줘 노화 방지와 성인병 예방, 암 예방에 효과적이라고 한다. 부추의 알리신 성분 또한 비타민 B$_1$의 흡수를 돕기 때문에 면연력을 높이고 피로를 풀고 소화흡수를 도와주는 역할을 한다고 한다.

 화분에 아삭한 오이 키우기

오이

환경 조건

싹트는 온도　22~25℃

잘 자라는 온도 20~22℃ 내외

생육 장애온도 15℃ 이하, 30℃ 이상

토양　　유기물이 풍부하고 물 빠짐이 좋은 식양토가 좋다.

햇빛　　광 포화점이 높고 생육이 빠른 작물이므로 가급적 햇빛을 잘 받도록 한다.

습도　　공중 습도가 너무 낮으면 잎과 줄기 특히 아들줄기(측지)와 과실의 생장이 억제되고, 흰가루병이 많이 발생한다. 반대로 습도가 너무 높으면 덩굴이 웃자라 병해의 발생이 많아진다.

비료　　생육 속도가 빠르기 때문에 비료 부족에 민감하다. 특히 질소 부족은 현저하게 생육을 억제한다. 그러나 고농도에는 약하므로 생육 전기간에 걸쳐 적정한 비료 농도 유지가 필요하다.

재배적지 토양산도 pH 5.5~6.8에서 생육이 좋고, pH 4.3 이하에서는 고사.

📅 재배 일정

월	1			2			3			4			5			6			7			8			9			10			11			12		
	상	중	하	상	중	하	상	중	하	상	중	하	상	중	하	상	중	하	상	중	하	상	중	하	상	중	하	상	중	하	상	중	하	상	중	하
봄											●				▼					▨	▨	▨	▨	▨	▨	▨										
여름															●			▼				▨	▨	▨	▨	▨										
가을																		●	▼						▨	▨	▨	▨								

● 씨뿌리기　▼ 아주심기　▨ 수확

밭 만들기

거름주기(10㎡ 기준)

밑거름 퇴비 6.7kg, 고토석회 670g(밭 갈기 2~3주 전), 요소 65g, 용성인비 270g, 염
화가리 48g(이랑 만들 때)

웃거름 재배 기간 중 요소 36g, 염화가리 28g, 총 3회

이랑 만들기(아주심기 5~7일 전)

재식거리 이랑 간격 160~200cm×포기 사이 30~40cm

너무 밀식하면 아래 잎이 햇빛을 충분히 받지 못하므로 주의한다.

두둑의 중앙을 높게 하여 물 빠짐이 좋고 습해를 예방하며 통기성을 좋게 한다. 두둑
에 비닐을 씌우면 지온이 높아져서 활착(뿌리내리기 등)이 빨라 잡초제거를 덜하게 되고
관수(물주기) 노력을 절감할 수 있는 이점이 있다.

모 기르기

발아적온 기온 25~30℃, 지온 20~22℃

모 기르는 온도 낮 20~28℃, 밤 17~20℃

모 기르는 기간 20~35일

오이 파종은 지온이 25℃를 유지 시켜주면 3일 정도에 새싹이 나온다.

오이 종자의 발아율은 90%로 3년 정도 묵은 종자라도 발아가 잘 되는 편이다.

파종 후 발아할 때 종자의 무게만큼이나 많은 수분을 흡수하므로 충분한 수분 공급이
필요하며 건조하지 않도록 관리해야 한다.

종자는 빛을 싫어하여 빛조건에서는 발아가 억제되는데, 고온에서는 광선에 관계없이
발아하지만 20℃ 이하에서는 빛을 싫어하는 혐광성嫌光性을 나타낸다.

노각오이.

파종 3일 후.

파종 5일 후.

파종 20일 후.

아주심기

땅 온도가 최저 15℃ 이상 되어야 활착이 잘 된다.

바람이 없는 맑은 날을 택해 심는다.

아주심기 전 심을 구덩이를 파고 물을 충분히 준다.

정식적기의 묘목은 본잎이 2~2.5매가 될 때이다. 늦은 묘목을 정식하면 활착이 늦고 작업 시 부러지기 쉽다.

키우기

원순 재배

원순 재배 관리를 위해 마디마디 나오는 곁순을 제거해 원줄기 하나만 재배하는 방법이다. 원순에서 떡잎을 제외하고 5마디 밑에까지 곁순과 암꽃을 제거해준다. 5마디 아래에 달리는 오이는 지면에 닿게 되면서 휘어지거나 푸석푸석한 오이가 된다. 오이가 열리는 지점은 마디의 곁순이 나오는 지점으로, 아직 뿌리와 잎과 줄기가 제대로 성장을 하지 않았는데 열매를 달게 되면 첫 열매를 키우기 위해 영양분을 집중해 뿌리와 줄기를 키우는데 지장을 준다. 하지만 텃밭에서 몇 포기 심어서 직접 먹을 요량이면 굳이 따주지 않고 빨리 수확해도 성장에 지장이 없다. 만약 원순의 생장점이 꺾여 버렸을 경우 곁순을 키워나간다.

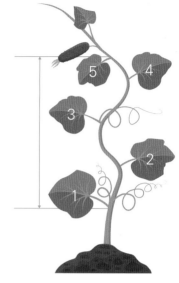

전문 농가는 오이의 생육을 위해 5마디까지 열매를 제거한다.

유인하기 잎이 5~6매 이상 자라면 지주대나 막대기로 A자형 지주를 설치한 후 오이 망을 친다.

잎 정리 사람 가슴 정도 높이가 되면 바닥에서 한 뼘 정도 밑의 잎은 누렇게 변하기 시작한다. 줄기 아래 부분의 늙은 잎부터 따 주고, 과실 1개를 수확하면 1~2개의 잎을 제거한다. 수확한 자리의 잎은 누렇게 삭아

버리는데 광합성을 해야 할 잎이 없어 그 자리는 열매를 맺지 못하고 병도 올 수 있기 때문에 제거해준다. 또한 오이의 덩굴손은 영양분이 소모되고 잎이나 열매를 돌돌 감아 줄기를 고사시키는 피해를 줄 수 있기 때문에 잘라주는 것이 좋다.

보통 노지 재배는 한 달이나 한 달 보름 정도가 되면 수확할 수 있으며 상품으로 키우는 전문 재배 농가는 원줄기와 손자줄기까지 잘 관리하면 길게는 두 달 동안 수확이 가능하다.

원줄기만 키워 나가는 원순재배.

A자형 지주.

덩쿨손 제거.

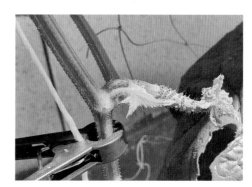

오이집게로 유인.

물주기

오이에 물을 주는 방법은 초기와 수확기에 따라 다르다.

초기에는 물을 한 번에 많이 주되 자주 주지 않는다. 그러다 열매가 열린 후엔 조금씩 자주 물을 준다. 오이 뿌리는 얕게 퍼지므로 쉽게 가뭄을 타는데 물이 부족하면 열매가 쓰고 맛이 없다.

웃거름

아주심은 후 25일 정도 지나면 꽃이 피고 오이가 열리기 시작하여 과실이 비대하는 시기에 1차 웃거름을 준다.

대략 20cm 정도 띄워서 NK비료 또는

웃거름 주기.

복합비료를 주고 줄기에 닿지 않게 흙으로 덮는다. 이를 25일 간격으로 3회까지 진행한다.

오이의 뿌리는 얕게 분포하는데 작물의 뿌리에 직접 닿으면 삼투압 작용으로 뿌리가 상해버리므로 주의한다. 또 질소질 비료를 편용하면 식물체가 약하게 자라 흰가루병, 잿빛곰팡이병, 노균병의 발생이 높아져 주의해야 한다.

수확하기

정식 후 약 30일이면 수확이 시작되는데, 금방 자라기 때문에 수확 시기를 놓치면 늙은 오이인 '노각'이 된다.

수확 초기에 적당한 크기로 자라면 수확하는 것이 식물체의 부담을 덜어줄 수 있다.

오이 잎은 노화가 빠르니 오이를 딸 때마다 1~2개 정도씩 아래 잎을 따줘 공기 순환을 돕고 햇빛을 받도록 한다.

수확.

노각 오이.

병충해 관리

병해 잿빛곰팡이병, 흰가루병, 노균병, 검은별무늬병, 덩굴마름병,
충해 점박이 응애, 오이잎벌레, 목화진딧물, 총채벌레, 온실가루이

일단 병이 발생하면 방제하기가 어렵기 때문에 같은 장소에 박과 작물(수박, 오이, 참외,

멜론, 호박 등)을 계속해서 재배하지 않도록 한다. 주변의 잡초는 빨리 뽑아 없애고, 비료를 너무 많이 주지 않도록 하며, 오이 밭에 물이 잘 빠지도록 관리한다.

잿빛곰팡이병

어린 과실의 꽃 달린 부위나 열매꼭지 혹은 땅에 가까운 부위에서 병반이 생겨 수침상으로 썩으며 잿빛의 곰팡이가 많이 생긴다.

잿빛곰팡이병.

 화분에 참외 키우기

참외

참외는 수박이나 토마토, 오이 등과는 달리 정확한 수확시기를 맞추기가 좀 힘들다고 한다.
따라서 옥상이나 한평 텃밭에서 참외를 키우고 있다면 일기예보에 비가 많이 온다는
예보가 올라왔다면 오기 전에 수확하는 것이 좋다고 한다.

환경 조건

- 고온성 채소로 이른 봄의 저온에 피해를 받는다.
- 참외는 건조와 일조를 좋아하여 흐리고 비가 많이 오는 곳에서는 재배가 곤란.
- 암꽃, 양전화가 한주에 따로 핀다.

생육 온도 주간 25~33℃, 야간 18~20℃, 지온 20~25℃이나 비닐하우스 재배 시
는 적온관리가 사실상 불가능하므로 낮 동안 햇빛을 최대로 받게 하
면서 35℃가 넘지 않게 생육적온으로 관리하고 야간기온은 12℃ 이상
으로 관리 한다.

햇빛의 세기 빛을 충분히 받을 수 있도록 관리하는 것이 좋다.

토양조건 물 빠짐이 좋고 비옥한 토양이 좋다.

토양산도 pH 6.0~6.8에서 생육 양호.

재배 일정

월	1			2			3			4			5			6			7			8			9			10			11			12		
	상	중	하	상	중	하	상	중	하	상	중	하	상	중	하	상	중	하	상	중	하	상	중	하	상	중	하	상	중	하	상	중	하	상	중	하
일정											●			🪣						▨	▨	▨	▨	▨	▨												

● 씨뿌리기　🪣 아주심기　▨ 수확

모 기르기

발아적온	육묘적온	생육적온	근비대적온	저장적온
25~30℃	25~27℃	25~30℃	15~25℃	0℃

씨 뿌리는 방법　점파

씨 뿌리는 깊이　5~10mm

싹 트는 온도　20~25℃

싹 트는 기간　7일

모종을 길러 옮겨 심는 것이 좋으며 모종을 기르기 어렵다면 본잎이 5매 정도 되는 모종을 구입해 심는다.

씨앗은 종이컵 크기 정도의 포트에 포트당 1~2립씩 심는다. 발아 후에는 포트당 한 주만 자라도록 솎아주며 낮 기온 25℃ 내외, 야간 최저기온은 15~18℃, 최저 지온은 15~17℃가 되도록 관리한다.

본 잎이 5매 정도 되도록 키우다가 밭에 심기 전에 생장점을 잘라주고 얕게 심어 물을 충분히 준다.

마트에서 구입한 참외의 씨앗.

씨앗 발아.

키우기

참외를 키울 때 가장 중요한 순지르기의 원리를 알아야 더 많은 참외를 수확할 수 있다.

주당 적정착과 수는 6~8과가 적당하며 이를 위해 적절한 적심을 해줘야 한다.

참외는 오이와는 달리 어미줄기와 아들줄기에는 대부분 수꽃만 피고, 암꽃은 결과지인 손자줄기에서 핀다. 가끔 아들줄기에서 참외가 달리기도 한다. 순지르기를 하지 않으면 잎과 줄기만 무성하게 자라고 참외는 몇 개만 달린다.

어미줄기

먼저 어미줄기의 본 잎이 5매가 되었을 때 생장점(적심)을 잘라준다. 생장점을 자른 원줄기는 더 이상 크지 않게 되고 양분은 아들줄기로 가게 된다. 생장점은 모종 때부터 일찍 잘라주어도 된다.

어미줄기에서 곁순(아들줄기)이 2~3개 나오는데 생육 속도가 비슷한 곁순(아들줄기) 2개를 골라 키우고 나머지 곁순(아들줄기)은 제거한다.

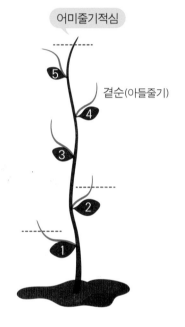

어미줄기적심

곁순(아들줄기)

아들줄기

아들줄기가 자라면서 다시 곁순(손자줄기)이 나오는데, 아들줄기 1~4째 마디째에서 나오는 곁순은 모두 제거하고, 8마디째에서 생장점을 잘라준다. 그 이후에 나오는 곁순(손자줄기)을 3~4개 키운다.

아들줄기적심

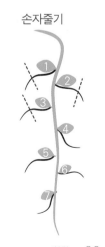

손자줄기

손자줄기

3번째 마디까지 발생하는 곁순은 제거하고, 과실이 달리면 그 위의 잎을 3장 정도만 남기고 순지르기 한다. 곁순은 나오는 족족 제거한다.

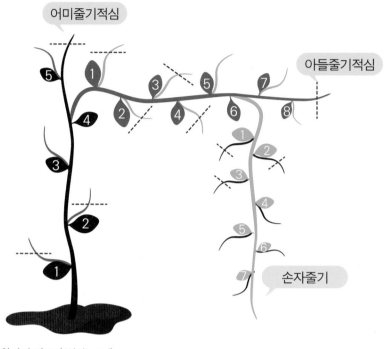

참외 순지르기(적심) 도해.

원줄기 생장점 자르기.

아들줄기 곁순.

순지르기는 농부마다 방법이 조금씩 다르다.

예를 들어 어미줄기, 아들줄기, 손자줄기 순으로 6-8-8 마디마다 적심을 하거나 3-7-7, 4-8-8, 3-12-3 등에서 적심을 하는 등 정석이 없기 때문에 각자의 상황에 맞게 재배하면 된다. 순지르기는 참고만 하고, 그냥 키워도 되며 손자줄기 순지르기 방법은 아들줄기처럼 8마디 이후 생장점을 제거해준다.

손자줄기부터 방임재배.

손자줄기 이후부터 줄기는 더 이상 관리가 힘들어지니 부실한 줄기나 생장점을 제거해 키우거나 방임재배로 넘어갈 수 있다.

너무 어렵게 느껴진다면 어미줄기 4마디, 아들줄기 8마디, 손자줄기 8마디에서 생장점만 잘라줘도 충분히 참외를 수확할 수 있다.

암꽃.

수꽃.

벌이 수정하는 모습.

수정하지 못한 암꽃.

웃거름

질소질 비료는 토양 비옥도를 고려해 소량 사용해 주고 과다한 추비는 삼가한다.

1차 웃거름은 화분에 정식 후 15일 정도에 뿌리에서 한 뼘 정도 떨어져서 복합비료를 주고 15~30일 간격으로 과일이 열리는 것에 따라 3차까지 NK비료를 주면 된다.

참외는 질소질 비료의 과다시비, 미숙퇴비 사용, 무분별한 추비 등으로 성숙후기에 질소질 비료 성분이 과다 흡수되면 열과(과일이 갈라지는 상태) 발생의 원인이 될 수 있어 유의해야 한다.

수확

수확기에 토양 수분이 과다하면 열과의 염려가 있다.

과실이 열린 후 23~25일 경에 수확이 가능하다. 과실 색깔이 짙은 황색을 띠고 골이 깊으며 과형이 짧은 원통형인 참외가 당도가 높고 육질이 아삭아삭해 가장 이상적인 과실이다. 과실의 크기는 400~500g 정도가 가장 보기 좋다.

병충해 관리

병해 덩굴쪼김병, 흰가루병, 노균병

충해 진딧물, 뿌리혹선충, 총체벌레, 응애

흰가루병의 발병 조건은 고온건조하거나, 저온다습할 때, 뿌리가 상했을 때, 과다착과 등으로 세력이 약할 때에 발생되므로 적정 온도 관리와 초세의 안정적인 확보를 위해

요소 엽면시비, 착과수 조절 등으로 예방 위주의 관리를 해줘야 한다.

진딧물은 정식 후 발생 초기에 방제하는 것이 좋으며 새로 나온 잎의 뒷면에 모여 기생하면 잎이 오그라들고 말리기 때문에 미리 예방하는 것이 좋다.

흰가루병.

참외의 효능

과거에는 별 영양가가 없는 과일로 알려져 있던 참외는 최근 이뇨작용과 콜레스테롤 배출, 부종과 부기를 빼주며 피부미용에 좋다는 것이 확인되었다.

또한 92%가 수분으로 이루어져 있어 여름철 무더위에서 탈수를 방지하며 풍부한 비타민 C는 콜라겐 합성을 도와서 아름다운 피부를 만들어주며 피로회복에도 좋다. 무엇보다 참외에는 강력한 항암제로 꼽히는 베타카로틴 성분이 풍부해 암 예방에도 좋은 과일이다.

또한 엽산 함량이 가장 높은 과일이기 때문에 엽산이 필요한 임산부에게 매우 좋은 과일이다. 하지만 너무 많이 먹으면 참외가 가진 찬 성질로 인해 설사할 수도 있고 밤에 아이들이 참외를 먹고 잔다면 활발한 이뇨작용으로 오줌을 쌀 수도 있다.

화분에서 재미있는
수박 키우기

수박 하나로 여러 개
만들어 먹는 방법

수박

수박은 매우 당도가 높은 과일임에도 불구하고 칼로리가 낮은 과일이다.

여름철 피로회복에 좋은 수박을 직접 재배해보자.

환경 조건

- 호온성 작물로 고온에서 생육이 양호하다.
- 건조에는 강하나 다습에는 약해 피해 발생.
- 연작을 싫어하는 기지성^{忌地性}이 강한 작물로 반드시 윤작을 해야 한다.

생육 적온 25~30℃

토양 조건 토양은 통기성이 좋으며 물이 잘 빠지는 곳이 좋다.

토양 산도 pH 5.0~6.8이 적당하다.

📓 재배 일정

월	1			2			3			4			5			6			7			8			9			10			11			12		
	상	중	하	상	중	하	상	중	하	상	중	하	상	중	하	상	중	하	상	중	하	상	중	하	상	중	하	상	중	하	상	중	하	상	중	하
일정											●			🪣								▨	▨	▨												

● 씨뿌리기　🪣 아주심기　▨ 수확

밭 만들기

1m²당 요소 54g, 용과린 75g, 염화가리 50g, 석회 100g, 퇴비 3kg을 아주심기 2주 전에 준다. 요소와 염화가리는 40%를 밑거름으로 주고 나머지 60%는 웃거름으로 준다. 용과린과 석회, 퇴비는 전량 밑거름으로 준다. 웃거름을 주는 시기는 아주심은 뒤 30일 경에 1차 웃거름을 주고 다시 30일 뒤에 2차 웃거름을 준다.

모 기르기

씨 뿌리는 방법 육묘 후 이식

씨 뿌리는 깊이 10~15mm

싹 트는 온도 28~30℃

싹 트는 기간 4~5일

온라인에서 구입한 씨앗.

종자에 축축하게 수분을 준 뒤 보자기에 싸서 25~30℃ 되는 곳에 두었다가, 1~2mm 정도로 싹이 자라면 트레이에 파종한다. 이때 하얀 싹은 뿌리가 되기 때문에 싹의 끝이 아래로 향하도록 파종해야 한다.

28~30℃ 정도가 싹이 나오는데 좋으며, 4~5일이면 종자 껍질을 벗고 떡잎이 지상

파종 후 20일이 지난 모종.

부로 나온다. 온도가 너무 높으며 웃자라기 때문에 25℃ 내외로 낮추어 준다. 본잎이 4~5매가 될 때까지 모를 길러 심는다.

키우기

5월 중순경 처음 뻗어나가는 어미줄기의 3마디를 남기고 끝부분인 생장점을 적심해준다. 이때쯤이면 1~3마디에서 곁순이 나오거나 밑둥에서 새로운 순이 나와 자라기 시작하는데 이를 아들줄기라고 한다. 이렇게 어미줄기를 적심하는 이유는 곁순이 더 빨리 자라고 수박의 품질도 좋기 때문이다.

순지르기를 하여 곁순(아들줄기)을 2~3개 받아 키우다가 20~30cm 정도 자랄 즈음 길이가 같은 두 개의 곁순(아들줄기)을 남겨 관리가 편하도록 한 방향으로 유인한다.

수박 꽃은 암꽃 수꽃이 따로 있지만 한 식물에서 암수의 꽃이 모두 피는 자웅이

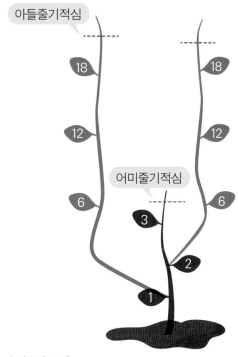

순지르기 도해.

적심 작업: 5월 중순경 뿌리 쪽 3마디를 남기고 원줄기의 생장점을 잘라준다.

아들줄기 2줄기 재배.

화동주형^{Monoecious Type} 식물이다. 수꽃은 마디마다 올라오고 암꽃은 4~6마디에 하나씩 피는 형태로, 수꽃이 5마디까지 피고 6마디에 암꽃이 피는 형식이다. 이렇게 6, 12, 18마디에 암꽃이 피기에 3번의 수정 기회가 생긴다.

수꽃.

암꽃.

6월 초 수박 꽃이 피기 시작하면 수정작업을 시작한다.

암꽃에서 수박이 보이고 벌이 날아와 수박 꽃에 앉아도 100% 수정되는 게 아니다.

원하는 위치에 착과하기 위해선 약간의 노력이 필요하다.

수정은 오전 6~11시까지 잘 개화한 수꽃을 암꽃 암술머리에 가볍게 문질러 준다. 오후에는 꽃잎을 오므리며 3일 정도만 피기에 시간이 넉넉하지 않다.

수정 작업.

하우스 전문농가에서는 유인한 두 개의 줄기 중 15~20마디 부근에서 착생되는 2~4번 암꽃에 착과시키는 것을 추천하는데 줄기가 길수록 광합성을 많이 받아 크고 튼실한 수박으로 키울 수 있다고 한다.

노지 수박.

그러나 노지 텃밭에서의 재배는 어려움이 많다. 정확하게 15~20마디에 수정이 된다는 보장이 없고 수정을 해도 노지의 뜨거운 여름과 장마철을 견디며 살아남아야 한다. 그래서 텃밭에서 재배하는 수박은 5마디 이후에 피는 암꽃부터 차례로 수정해줘야 한다. 6마디에서 수정이 실패하면 암꽃이 피는 12, 18마디에서 수정을 해줘야 과실을 볼 수 있기 때문이다.

18마디에 착과.

수정이 실패한 암꽃.

수정이 된 암꽃은 하루가 다르게 커가지만 수정이 안 된 암꽃은 성장을 멈추고 녹색에서 점점 노랗게 변해 썩거나 말라간다.

이제 착과가 잘 됐다면 18~22마디에서 아들줄기의 생장점을 적심해줘 영양분이 열매로 가게 해준다. 잎은 동화양분의 생산기관이기 때문에 잎 면적에 의해 과일의 크기와 품질이 결정되는 만큼 신경 써야 한다. 정상적인 경우 과일 1개당 60매 정도의 건전한 잎이 필요하며, 저온기일수록 잎 수를 많이 확보해야 한다.

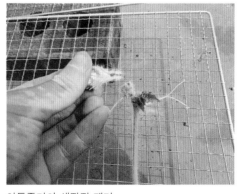

아들줄기의 생장점 제거.

수박을 키울 때는 잎의 위치별 기능을 기억해두면 좋다. 열매가 달리는 마디(착과 마디) 전후의 잎이 과일 생육에 중요한 역할을 한다. 따라서 열매가 달리는 마디 전후의 잎이 서로 겹치지 않도록 순치기를 하여 광합성을 높이는 것이 좋다.

일반적으로 수박 줄기 2개를 남기는 이유는 1줄기에는 수박 열매가 달리고, 1줄기는 광합성으로 열매에 영양을 공급하기 때문이다. 이때 수박 열매가 달린 줄기에 영양이 집중되도록 아들줄기에서 나오는 곁순(손자줄기)을 잘라내야 한다.

노지 텃밭이 아닌 화분에 키울 경우 한정된 공간이라 1주당 하나만 달면 된다. 2줄기에 2과를 착과했다면 계란만 해졌을 때 모양이 둥글고 좋은 것을 남기고 나머진 솎아낸다.

여러 개의 수박이 달리면 수박이 작아지기 때문이다.

착과한 수박은 한낮의 뜨거운 지열에 곯지 않도록 수박받침대를 해줘야 하는데 스티로폼을 깔아주면 땅과 맞닿는 부분은 노랗게 변하지 않고 착색도 좋아진다.

열매는 햇빛을 직접 받지 않도록 가려주고, 과실 비대 후기에 장마철 토양 수분의 급격한 유입으로 열과 현상이 발생하니 배수와 수분 공급에 신경 써야 한다.

스티로폼 받침대.

웃거름

1차 정식 20일 후 요소 3~5g
2차 1차 20일 후 복합비료 3~5g
3차 2차 20일 후 복합 또는 NK비료 3~5g

수확

수박씨를 심어 결실기까지 110일 정도 소요되는데 4월에 파종하여 5월 정식을 하면

7월 말부터 수확이 가능하다.

수박은 착과로부터 40일 정도에 수확
해야 가장 맛있는 시기로, 어느 정도 크면
웬만하면 소리는 괜찮게 나는데 전문가
가 아닌 이상 소리로 판단하기보다는 암
꽃에 수정 작업을 해준 날짜를 적어두고
수확 날짜를 계산해 수확하면 좋다.

수정 작업한 날짜와 40일 후 수확할 날짜.

수확 1주 전부터는 일기예보와 잎의 상태를 살피며 물을 주지 않아 당도를 높이도록
한다.

애플수박	조생종	중생종	만생종
28일	40일	45일	50~55일

병충해

병해 탄저병, 덩굴마름병, 역병, 흰가루병, 녹반모자이크병, 세균성 점무늬병, 수박열
매얼룩썩음병, 검은점뿌리썩음병(흑점근부병)

충해 뿌리혹선충, 목화진딧물, 점박이응애, 작은각시들명나방, 꽃노랑총채벌레

탄저병은 과실에 둥근모양의 암갈색 반점이 생기고 전전되면 구멍이 생긴다.

수박의 효능

90% 이상이 수분으로 이루어진 수박은 당도가 높아도 100g당 약 20kcal로 칼로리가 낮아 다이어트와 피부 미용에 매우 좋은 과일이다. 또한 피로회복과 집중력 저하, 두통에도 좋은 과일이라고 한다.

또한 몸의 활성산소를 제거하고 면역력을 높여주는 강력한 항산화 성분인 라이코펜이 토마토보다도 더 많이 함유되어 있다. 이는 세포의 노화를 막고 노폐물을 제거해 노화 예방에 탁월하다. 수박에 함유된 아미노산의 한 종류인 시트룰린은 혈액 순환을 도와 심혈관 질환의 예방에 도움이 된다. 따라서 근육통이 있다면 수박을 먹으면 좋다. 또 참외처럼 관절 염증 억제와 이뇨작용을 통한 노폐물 배출, 부종과 불면증, 소화불량 등을 개선하는 데도 도움이 된다.

이처럼 많은 장점이 있지만 너무 많이 먹으면 설사를 할 수 있으며 당뇨병 환자는 조심해야 하는 과일이기도 하다.

감자

감자는 흙속에서 굵어지므로 감자를 심기 전 깊이갈이를 하고 흙부수기를 고르게 하며,
잘 썩은 유기물을 많이 넣어주어 토양을 비옥하고 부드럽게 하는 것이
수확량을 늘리는 데 매우 중요하다.

환경 조건

싹트는 온도	5℃ 이상
잘 자라는 온도	14~23℃, 덩이줄기가 굵어지는 낮 23~24℃, 밤 10~14℃
물 주기	감자는 과습보다는 비교적 건조한 편이 재배에 유리하다. 그러나 씨감자를 심은 후 새싹이 나올 때와 덩이 줄기가 커질 때는 수분이 부족하지 않도록 적절히 물주기를 할 필요가 있다.
토양 조건	작토층이 깊고 유기물이 풍부하며, 물 빠짐이 좋고 바람이 잘 통하는 모래참흙이나 참흙이 좋다.
토양 산도	pH 5.0-6.0이 좋으며 알칼리성 토양에서는 더뎅이병이 발생하고, 과도한 산성토양에서는 흑지병이 발생할 수 있다.

📆 재배 일정

월	1			2			3			4			5			6			7			8			9			10			11			12		
	상	중	하	상	중	하	상	중	하	상	중	하	상	중	하	상	중	하	상	중	하	상	중	하	상	중	하	상	중	하	상	중	하	상	중	하
일정									●								▨	▨																		

● 씨뿌리기 ▨ 수확 * 지역에 따라 재배시기가 10일 정도 차이날 수 있음.

냉장고에 싹이
난 감자 키우기

화분에 감자 키우기

밭 만들기

퇴비와 비료 뿌리기 (10m² 3평 기준) 밭 갈기 전 퇴비 15kg, 석회 330g과 감자 전용 복
비를 뿌려준다. 이때 토양 살충제와 진딧물 약제를 같이 뿌려주면
병해충의 발생을 줄일 수 있다.

밭 갈기와 이랑 만들기 봄에 땅이 녹은 후 퇴비와 비료를 적절히 뿌리고 밭 전체를
20cm 이상 깊이로 갈아서 흙덩이를 부수어 고르게 한 후 감자
를 심기 직전 75~80cm 간격으로 이랑을 만든다.

멀칭하기 이른 봄에 토양 온도를 높여주기 위해서는 투명비닐로, 제초를 위해서는 검
은 비닐 멀칭을 해준다

감자 심는 시기에 맞춰 산성화가 된 밭에는 밑거름을 주기 2주 전 석회를 뿌려준다.
감자 심기 일주일 전 유기질 퇴비를 뿌려주고 밭을 갈아준다.
감자는 웃거름을 따로 주지 않기 때문에 유기질 퇴비를 넉넉하게 준다.
일반 흙이나 상토를 구입하여 화분에 심을 경우 퇴비만 추가하여 재배해도 된다.

감자의 휴면

수확된 감자는 적당한 환경조건이 주어져도 싹이 나지 않는다. 이를 식물학적으로 휴
면休眠, Dormancy이라 한다. 일정한 시간이 지나 자연적으로 휴면이 깨거나 인공적으로 휴
면이 깨도록 특별한 처리를 해야만 눈에서 싹이 나오게 된다.

우리나라에서 재배되고 있는 품종들의 휴면기간은 수미, 남작, 대서 등의 품종은 3개
월 정도이고 대지, 추백, 새봉, 방울 품종은 30~50일 정도이다.

씨감자 심기

심는 시기 3월 10일~3월 25일(지역에 따라 다름)
흙덮기 8~12cm 두께로 흙을 덮는다.

생육 초기에 물이 부족하면 싹에서 발생되는 뿌리의 발육이 장해를 받아 늦게 자란다.

싹을 틔워 아주심기할 때 흙의 물기가 부족하면 활착이 늦어지고 초기생육이 늦어지므로 날씨가 가물 때는 아주심기 후에 물을 충분히 주어야 한다.

여기선 큰 밭이 아닌 한 평이나 화분을 기준으로 하기 때문에 씨감자를 구입할 필요는 없다.

일반 마트나 시장에서 파는 감자나 냉장고나 실온에 몇 달 동안 방치된 감자도 물러 썩지만 않으면 상관없다. 길게 싹이 난 씨감자를 심을 경우 싹을 제거하고 심어준다.

씨감자는 크기가 큰 것은 씨눈이 포함되도록 1/4로, 작은 것은 1/2로 잘라준다.

씨감자 절단하기.

자른 감자는 3~4일 서늘한 그늘에 말리거나 절단면에 볏짚 재를 묻혀 심지만 전문농가가 아니라면 통으로 심거나 칼로 자른 후 바로 심어도 지금까지 문제없이 재배하고 있다.

감자는 두둑을 높게 만들어 주고 배수가 잘 되어야 한다.

햇볕에 노출되는 것을 방지하기 위해 깊게 심는 경우도 있지만 너무 깊을 경우 싹이 늦게 올라오는 단점이 있어 좀 얕게 심어 북주기를 해준다.

순지르기 & 북주기

씨감자 파종 후 20~30일 경에 지상부로 싹이 올라오는데 이때쯤 따뜻했던 날씨가 새벽에 기온이 영하로 내려가는 늦서리가 한두 번 찾아온다.

예상치 못한 늦서리에 새싹이 냉해를 받아도 시간이 지나면 다시 싹이 올라오니 큰 걱정은 하지 않아도 된다.

감자를 심은 지 30일이 지나도 싹이 나오지 않는다면 살펴봐야 한다. 눈을 잘못 딴 감자는 싹이 나오지 않고 너무 깊게 심은 감자는 늦게 나온다.

싹이 지상부에 출현하게 되면 곧바로 잎이 전개되는데 잎의 전개와 더불어 땅 속줄기가 자라게 된다. 싹이 그동안 씨감자로부터 양분을 공급받아 생육하다가 이때부터 능동적으로 토양에서 양분을 흡수하는 시기이다. 이 시기는 뿌리의 발달이 왕성하고 땅 속 줄기가 신장하며, 지상부의 잎과 줄기의 생육도 왕성하다.

순지르기는 감자의 줄기와 잎으로 가는 영양분을 차단하고 감자로 가게 해 알을 굵게 만들기 위한 방법이다.

순지르기는 꼭 필요한 작업은 아니지만 순지르기 방법에 대해 간단하게 설명하면 다음과 같다.

40~50일이 되면 감자의 줄기가 10cm 정도 자라게 된다. 이때 순지르기 작업을 하는 게 적당하다. 올라온 감자의 줄기의 개수를 인위적으로 조절하면 감자의 크기가 달라진다.

줄기를 하나만 키울 경우 굵은 감자를 만들 수 있으며 2~3개의 줄기를 유지한다면 시장에서 좋은 평가를 받는 감자 크기가 나오며 수량도 적당하다고 한다. 4줄기 이상이 되면 감자조림에 쓰이는 작은 알감자 정도의 크기가 많이 생산된다.

순지르기 작업을 할 때 감자의 줄기를 너무 세게 잡아 뽑으면 뿌리가 상하므로 살짝 잡고 돌려서 뽑으면 된다.

뽑은 후 북주기 작업을 해주고 1차 북주기 후 5월 말쯤 감자 꽃이 피기 전에 2차 북주기를 해준다.

파종 후 40~50일 감자 모습.

감자 꽃

감자를 심고 60일 정도 되면 꽃대가 생기며 꽃이 피기 시작한다.

우리나라에서 재배되고 있는 품종들은 재배 기간 중 꽃이 잘 피지만 수정이 이루어지지 않아 열매를 맺는 경우가 드물다. 만일 지상부에 감자 열매가 많이 맺혀 자란다면 감자 수량에 영향을 미치지만 대부분 꽃이 핀 후 떨어지므로 재배 기간 중 꽃의 제거작업은 필요가 없다.

감자알이 생기기 시작하는 시기는 감자 꽃이 피기 훨씬 이전으로, 꽃이 피면 감자 비대기로 커다란 감자 알로 키우기 위해서는 물의 공급이 필요하다. 감자는 수분이 80% 이상이므로 물을 충분히 보충해 주어야 한다.

웃거름을 주고자 할 땐 감자 포기 사이 아래쪽에 NK비료를 한 숟가락씩 준다. 이때 칼슘을 추가하면 감자 속이 갈색으로 썩는 것을 예방할 수 있다.

덩이줄기 비대기.

덩이줄기 성숙기. 꽃이 떨어짐.

감자를 재배할 때는 꽃필 때까지 옆 면적을 최대로 확보시키는 것이 필요하다. 옆 면적을 빨리 확보하기 위해서는 비료의 균형시비가 중요하며, 특히 질소와 칼륨의 적정한 시비가 필요하다. 또한 잎의 크기, 잎 수 등은 파종 시기, 빛, 온도, 습도 및 강수량 등에 의해 영향을 받는다.

수확

90일이 지나 잎과 줄기가 누렇게 변하고 주저앉으면 수확 시기이다. 되도록 장마가 오기 전 수확을 해준다.

수확하는 시기는 감자 지상부가 누렇게 마르는 황엽기~고엽기가 좋다.

6월 중하순에 수확하는 것이 일반적이지만 수확이 늦어져 물 빠짐이 불량하거나 비가 많이 올 때에는 감자가 썩을 염려가 있으므로 되도록 빨리 수확하여 바람이 잘 통하는 곳에 보관한다.

수확한 감자.

수확 후 큐어링 작업.

수확한 감자는 1주일 정도 바람이 잘 통하고 햇빛이 들지 않는 서늘한 곳에서 예비저장을 하면서 상처를 치료하도록 한다.

예비저장 후 썩은 감자, 잘려진 감자, 기형 감자, 색이 변한 감자 등을 제거하고 크기에 따라 구분하여 나무나 플라스틱 상자 등에 저장하면 눌림에 의한 피해나 저장 중 썩는 감자의 비율을 줄일 수 있다.

생리장해 및 병충해

생리장해　흑색심부, 내부갈색반점

충해　진딧물, 방아벌레, 선충 등

병해　역병

감자는 다른 작물에 비해 생리장해와 병해충이 많은 편이다. 생리장해로는 덩이줄기의 내부가 검게 변하는 흑색심부, 내부갈색반점 등이 있다. 여름철 저온 다습한 조건에서 다발하는 역병은 감자에 가장 치명적인 병으로 알려져 있다.

점박이무당벌레.

점박이무당벌레에 피해를 본 잎.

감자잎이 왕성하게 자랄 때 감자잎을 갉아먹는 점박이무당벌레는 번식력이 강해 처음엔 한두 마리지만 잎 뒷면에 알을 낳고, 그 알이 부화해 성충이 되면 기하급수적으로 늘어난다. 애벌레와 성충이 잎을 갉아먹어 감자농사를 망치게 되므로 보이는 대로 잡아줘야 한다.

감자의 효능

몸에 좋은 식품으로 잘 알려진 감자는 사과보다 2배나 더 많은 비타민 C를 함유하고 있어 '땅속의 사과'라고도 불린다. 이처럼 감자에는 비타민 C, 비타민 B와 칼륨, 철 등이 풍부해 피로회복에 좋다.

그런데 이런 고함량의 영양소를 가장 적게 잃는 방법은 껍질을 벗기지 않고 쪘을 때이며 감자칩이나 튀김 종류는 손실률이 70%가 넘는다고 한다.

또한 오래 조리하면 발암 물질이 생성되기 때문에 200℃ 이상에서 장시간 조리하면 감자의 영양소는 파괴되고 오히려 발암 추정 물질인 아크릴아마이드가 생성된다고 한다. 만약 감자튀김을 만들어 먹을 것이라면 30분 내 요리하며 190℃를 넘지 않도록 한다.

칼륨이 풍부한 감자는 나트륨 배출을 도와 혈압 조절에 효과적이며 고혈압과 심장 질환의 예방에도 도움이 된다. 뿐만 아니라 섬유질 함량이 바나나보다 5.5배가 높은 감자는 혈중 콜레스테롤의 감소에도 탁월하다.

그런데 당뇨병 환자는 감자의 당지수 때문에 섭취를 조심해야 한다.

고구마

고구마는 따뜻한 기온을 좋아하기 때문에 봄가을은 고구마에게 좋은 계절이 아니다.
하지만 수확까지 긴 시간이 필요하기 때문에 3~4월에는 씨고구마로
고구마 모종을 준비해야 한다.

환경 조건

생육 온도 범위   15~38℃(30~35℃에서 생육이 왕성)

덩이뿌리 비대지온   20~30℃

발근적온(지온)   17~30℃(조기재배 시 지온 15℃ 이상)

토양 조건   3~5°정도의 비탈이 지고 물 빠짐이 잘되어 토양 통기가 양호한 식양질계 적황색토 또는 사질양토.

토양산도   토양산도에 대한 적응성이 커서 pH 4.2~7.0 사이에서는 생육 및 수량에 큰 차이를 보이지 않는다. 그러나 알칼리성 토양보다 산성 토양에서 수량이 많다.

📅 재배 일정

월	1			2			3			4			5			6			7			8			9			10			11			12		
	상	중	하	상	중	하	상	중	하	상	중	하	상	중	하	상	중	하	상	중	하	상	중	하	상	중	하	상	중	하	상	중	하	상	중	하
일정							■	■					▩	▩	▩	▩	▩								▨	▨	▨	▨								

■ 씨고구마 심기   ▩ 순심기   ▨ 수확

원예용상토 50L 포대에 고구마 키우기

모종 기르기

씨 뿌리는 방법 육묘 후 이식

싹 트는 온도 싹이 틀 때 30~33℃, 싹이 자랄 때 23~25℃

싹 트는 기간 온상 7~10일, 냉상 2~3주

고구마 모종을 준비하는 시기는 3월 상순 ~ 4월 상순으로 씨고구마를 준비해 5월 상~중순 40~50일을 길러 첫 삽식을 한다.

씨고구마 한 개에서 한 번에 자를 수 있는 고구마 모종은 5~6개다.

수경재배 1일.

수경재배 34일.

묘가 자라는 중 바이러스에 걸려 잎이 오그라드는 증세를 보이거나 썩은 고구마와 검은무늬병 등에 걸려서 밑부분이 검게 변한 것은 버려야 한다.

싹이 5~10cm 정도 자라면 따뜻한 날 한낮에 2~3시간 정도 창가에 나둬 묘종이 튼튼하게 자라도록 한다. 이때 묘가 갑자기 찬바람에 닿으면 어린잎이 누렇게 되며 덩이뿌리의 형성이 나빠지므로 주의해야 한다.

밤고구마 밤 맛과 비슷하며 삶으면 흰색 줄무늬가 보인다.

호박고구마 삶거나 구웠을 때 노란빛을 띠고 당도가 높다.

베니하루카 고구마 밤고구마와 호박고구마의 중간 형태로 꿀고구마라고도 불린다.

자색고구마 속살이 보라색을 띠며 단맛은 적다.

100일~150일까지 품종에 따라 수확 시기가 다르니 너무 이르거나 늦지 않도록 품종

선택을 해야 한다.

큰 씨고구마는 작은 씨고구마에 비해 싹이 튼튼하고 좋지만 같은 중량에서 생산되는 싹의 수가 적고, 작은 씨고구마는 같은 중량에서 생산되는 싹의 수가 많으며 육묘 환경만 좋으면 우수한 싹을 생산할 수 있다.

씨고구마는 병들지 않은 고구마, 품종 고유의 특성을 가진 고구마, 저장 중 냉해를 입지 않은 고구마로 선택하며 재배 기간에 알맞은 품종 선택이 중요하다.

고구마 심기

고구마의 원산지는 열대지방으로 난대성 뿌리작물이지만 심을 때와 수확할 때 서리만 주의하면 큰 문제없이 재배하기 쉬운 편이다.

고구마는 5월 상~6월 중까지 정식할 수 있다. 5월에 간혹 늦서리가 내리기도 하는데 늦서리를 맞으면 죽기 때문에 다시 심어줘야 한다.

야간 온도가 10℃ 이하면 정상적인 성장이 어렵고 5℃ 이하에 자주 노출되면 성장에 이상이 생긴다. 뿌리를 내릴 때 지온은 15℃ 이상의 온도가 필요하다.

빛이 잘 드는 베란다나 옥상이 있다면 고구마를 키우는데 좋은 환경이지만 줄기를 길게 뻗어가기에 넓은 공간 확보도 중요하다.

고구마를 키울 넉넉한 화분이 없다면 원예용 상토 50L를 이용해 키울 수 있다. 키우는 방법은 다음과 같다.

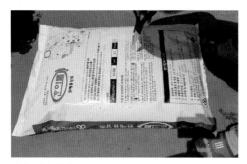

바닥 배수구멍.

4개 심기.

포대의 바닥면에 배수 구멍을 뚫어 물 빠짐이 좋게 한다. 과습이 생기면 애써 키운 농사를 망칠 수 있다. 다시 뒤집어 흙이 한쪽으로 몰리지 않게 평평하게 펴주고 모종을 심기 위해 15cm 간격으로 4개의 구멍과 가운데에 1개의 물을 줄 구멍을 뚫어준다.

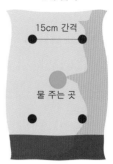

4개 심기

15cm 간격

물 주는 곳

고구마 모종 채취.

이제 고구마에 달린 순 중에 튼튼한 줄기를 골라 채취한다.

고구마 순을 심기 위해 〈고구마 이식기〉를 사용하면 편하지만 나무젓가락을 이용해 심어도 된다.

고구마 수평심기.

나무젓가락 끝에 살짝 걸친 고구마순을 45°로 비스듬하게 흙속에 들어가도록 쑥 집어 넣어준다.

물주기.

물구멍을 통해 물을 충분히 주고 심은 뒤 일주일 동안은 흙이 마르지 않게 유지해준다.

5월 아직 힘이 없는 줄기.

고구마를 심고 뿌리가 활착하기 전까지 낮엔 힘없이 시들었다 살아났다를 반복하는데, 새로운 환경에 적응하는 단계이니 수분이 마르지 않도록 관리가 필요하다.

6월 고구마 줄기.

뿌리내림을 위해서는 지온이 15℃ 이상의 온도가 필요하며 6월에 줄기가 뻗어나기 시작한다.

고구마 비대기.

모든 작물은 비대기에 접어들면 많은 물을 필요로 한다. 노지 밭이 아닌 옥상에서 키우는 고구마는 더 많은 물을 요구한다. 여름에 다가갈수록 한낮의 뜨거운 태양과 옥상의 열기로 보습력이 떨어지는 상토는 매일 많은 양의 물을 필요로 하기 때문이다. 또한 포대로 재배하기 때문에 장마기간에 비가 내려도 빗물이 쉽게 스며들 수 없으니 환경에 따라 아침저녁으로

관찰하며 매일 5L 이상의 물을 줘야 한다.

웃거름

고구마 같은 구군식물은 양분이 많으면 안 된다.

질소질이 10%가 넘으면 다른 영양소의 섭취를 방해하는 길항작용이 일어나 뿌리의 성장에 장애를 일으키면서 고구마는 생기지 않고 넝쿨과 잎만 무성하게 자란다. 질소 성분이 적은 상토에서 기르면 웃거름을 주지 않고도 잘 자란다.

고구마는 뿌리가 굵어지려면 칼륨 성분을 보충해주어야 한다. 미량요소 중 붕소가 결핍되면 고구마가 갈라진다.

시중에 칼륨 성분이 많은 고구마 전용 비료를 판매하고 있다.

수확

조생종 고구마의 수확 시기는 90일 정도로 수확이 빠르지만 보통은 정식 후 120일 정도 지나야 수확이 가능하다.

밤고구마   100~120일 수확
꿀고구마   110~130일 수확
호박고구마   130~150일 수확

수확한 고구마.

고구마 잎이 노랗게 변하거나 시들어 보일 때 수확시기를 결정하고 수확 전에는 수분 공급을 중단한 뒤 충분한 일조량을 확보해주어야 맛있는 고구마를 수확할 수 있다.

6월 늦게 심은 고구마는 10월 초에서 중순까지 첫 서리가 내린기 전 수확해야 한다.

삽식 후 110~120일 정도에서 수확하는 것이 상품성이 좋고 다음해의 씨고구마용은 130~140일 수확도 좋으나 수확 시의 저온에 의한 냉해를 받지 않도록 주의해야 한다. 특히 생식용은 110일이 넘으면 상품성이 저하된다.

수확한 고구마는 12~15℃의 실온에 보관하는 것이 좋다. 고구마를 넓게 펼쳐두어 물기를 제거한 후 두세 개씩 신문지나 키친타월 등으로 포장해 상자에 담아 베란다나 어둡고 공기 순환이 잘 되는 곳에 보관하면 좋다.

서리 맞은 고구마 줄기.

고구마 줄기로 퇴비 만들기.

야외에 공간이 있다면 고구마를 심은 상토는 재활용이 가능하다. 잘게 부순 후 고구마 줄기를 담고 흙과 물을 넣어 내년에 사용할 수 있게 퇴비로 만들어 쓰면 된다.

병충해

병해 덩굴 쪼김병, 건부병, 푸른곰팡이병, 무름병, 자주빛날개무늬병, 검은점박이병, 검은무늬병

충해 선충, 고구마 검은나방, 고구마 뿔나방, 굼벵이, 진딧물

덩굴 쪼김병에 걸린 묘를 심었을 때는 활착이 나쁘고 1~2주일 후 잎이 누렇게 되어 말라 죽으며, 활착이 되어도 생장이 불량하고 잎의 증가가 억제된다. 땅 속 줄기는 검게 변하며 잔뿌리가 자라지 못하고 검게 변색하여 부패한다. 지표 부분의 줄기가 갈라지는 경우도 있다.

고구마의 효능

알칼리성 식품인 고구마는 밥보다 칼로리(100g당 130Kcal)가 적으면서 위에 머무는 시간이 길어 포만감이 오래 가기 때문에 다이어트 식품으로 환영받고 있다. 또한 식물성 섬유가 장의 움직임을 활발하게 해 변비 해소와 고구마에 함유된 얄라핀 Jalapin 성분이 숙변 제거에 효과가 있다.

또한 항암과 항산화에 효과적인 베타카로틴과 글루타치온이 풍부하기 때문에 암 예방에 좋다.

감자와는 달리 고구마는 조리를 해도 비타민 C가 거의 파괴되지 않으며 비타민 B_1, B_2와 비타민 E가 풍부해 피로회복에도 큰 도움이 된다.

우리 선조들은 고구마를 먹을 때 김치를 같이 먹는데 고구마를 먹으면 나트륨 소비가 많아져 김치는 영양의 균형을 맞춰주는 만큼 조상들의 지혜가 돋보이는 섭취 방법이다.

고구마를 직접 재배하면 고구마 외에도 고구마순 수확이 가능하다.

고구마순은 비타민 A가 풍부하며 열량이 낮고 식이섬유 함유량도 높아 다이어트 식품으로 매우 좋다. 고구마순 김치, 고무마순 무침, 고구마순 육개장, 고구마순 들깨볶음 등 다양한 요리가 가능하며 볶아먹으면 지용성 비타민인 비타민 A를 더 쉽게 섭취할 수 있다.

화분에 옥수수 키우기

가을 옥수수 키우기

옥수수

벼과에 속하는 옥수수는 다양한 종류만큼 맛도 다양하다. 그리고 높은 공간도 필요하다.
베란다에서 화분에 옥수수를 키우고 싶다면 재배 환경에 맞는 옥수수 종류를 선택해야 한다.
그리고 옥수수는 한 그루당 1~3개 정도 열리니 참고하자.

환경 조건

발아온도   32~34℃(최저 8~11℃, 최고 40℃ 내외)

토양 조건   통기성과 물 빠짐이 좋아야 하는 작물이므로 점질토나 물이 잘 빠지지
               않는 밭 또는 너무 메마르기 쉬운 모래땅은 적당하지 않다.

햇빛   햇빛을 좋아한다.

꽃가루가 퍼지는 시기   35℃ 이하 유지(35℃ 이상에서는 수정률 감소)

물 요구도   5~6월 80~90mm, 7월 120mm, 8월 130mm, 9월 70mm

토양 산도   pH5.5~8.0(약산성~미알칼리성 토양)

재철   7월 하순~8월 상순

📒 재배 일정

월	1			2			3			4			5			6			7			8			9			10			11			12		
	상	중	하	상	중	하	상	중	하	상	중	하	상	중	하	상	중	하	상	중	하	상	중	하	상	중	하	상	중	하	상	중	하	상	중	하
일정											●			🪴							🟫	🟫	🟫													

● 씨뿌리기　🪴 아주심기　🟦 수확

밭 만들기(화분 재배)

옥수수는 영양분을 많이 필요로 하는 작물로 퇴비를 충분이 줘야 한다. 특히 토양의 통기성과 배수성이 좋아야 생육이 잘 되는 작물이다. 따라서 정식 일주일 전 복합비료를 충분히 넣고 섞어준다.

옥수수는 다른 작물보다 뿌리가 잘 발달되어 있어 영양분을 찾아 깊고 넓게 퍼진다.

화분에 키운 옥수수 뿌리.

모 기르기

씨 뿌리는 방법　육묘 및 파종

심는 깊이　씨앗의 2~3배

싹 트는 온도　21℃ 이상

파종 개수　1~2립

싹 트는 기간　4~6일

파종 시기　4월 상·중순, 산간지 5월 상순

평균 기온이 15℃ 이상일 때(늦서리 내리기 10일 전)

옥수수는 생육 초기에 서리에 약하다. 특히 한랭지와 고랭지에서 파종 적기보다 일찍 심었을 경우 늦서리의 피해를 받기 쉽다. 일반적으로 평균 기온이 15℃ 정도일 때 파종하는 것이 좋다.

생육 초기에 최저 기온이 영하 1.3℃ 전후일 때 서리가 오면 지상부의 잎 1~2장은 고사하지만 이 시기에는 생장점이 아직 땅속에 있기 때문에 식물체가 아주 죽지는 않는다.

생육 중 냉해 피해를 받으면 초기에는 잎이 담황색이 되고 생육이 정지되지만 온도가 상승하면 회복된다.

옥수수 모종.

옥수수 모종.

옥수수는 파종 후 15일 이내(2~3엽기)로 본 잎이 나오면 구멍을 뚫고 뿌리가 상하지 않도록 눌러 심지 말고, 고정되도록 흙을 덮는다.

옥수수를 심는 방법은 크게 모종을 구입해 정식하는 방법과 씨앗을 파종하는 방법 두 가지가 있는데 보통 모종을 구입해 밭에 30cm 간격으로 정식을 한다. 이 책에서는 4월 중순쯤 화분에 직파한 것과 포트에 모종을 키워 재배한 두 가지 모종으로 키웠다. 직파와 포트의 발아 시기가 달라 옥수수 크기가 일정하지 않았지만 시간이 지나면 거의 비슷하게 자라 7월쯤 수확할 수 있다.

밭에 키우는 옥수수는 충분한 간격을 주어 통기성과 병충해를 대비한다.

옥수수는 높이 1.5~2.5m씩 자라 대부분은 텃밭이나 야외에서 재배하며 아파트 베란다에서 재배하기는 쉽지 않다. 하지만 화분에서도 충분히 키울 수는 있다.

옥수수는 밀식 재배로 같은 포기에서 수정이 안 되더라도 옆에 떨어진 화분 가루로 수정이 이루어지게 한다.

다양한 옥수수 품종을 먹기 위해 여러 품종을 심을 경우 200m 이상, 원종 재배는 300m 이상 떨어져 재배해야 교잡종이 나오지 않는다. 현실적으로 그만큼 거리를 두고 재배하기 어려우니 보통 한 가지 품종만 심어 재배한다.

텃밭에서 직파로 옥수수를 심을 경우 새 피해가 있을 수 있다. 따라서 싹이 나오고 어느 정도 크기 전까진 새들이 먹지 못하도록 대비를 해야 한다.

곁가지 제거

6월이 되면 옥수수에 나온 곁가지를 제거해준다.

곁가지는 2~3개 정도 발생하는데, 곁가지를 제거할 때는 잡아 뽑는다는 느낌보다는 옆으로 돌려 비틀어 주는 느낌으로 제거한다. 이때 주변에 풀이 나 있다면 함께 뽑아 영양분이 옥수수에 집중될 수 있도록 해준다. 시간적 여유가 있다면 쓰러짐 방지를 위해 북주기를 함께 해주는 것도 좋은 방법이다.

곁가지를 제거하는 이유는 곁가지로 가는 영양분을 차단하여 본대의 가지와 열매를 튼실하게 하며 원활한 공기 순환으로 병충해를 예방하기 위해서이다.

곁가지에서도 옥수수는 나지만 작고, 기형적 모습으로 열매를 맺는 것이 대부분이다.

옥수수의 곁가지가 자라는 모습.

곁가지 제거.

곁가지와 곁이삭 제거 시 수량에 미치는 영향을 보면 인위적으로 제거한 것과 제거하지 않은 것의 차이가 거의 없다. 일반적으로 곁가지와 곁이삭을 제거하면 옥수수 식물체에 상처를 주게 되므로 양분의 흐름을 방해하여 오히려 수량이 감소한다. 따라서 옥수수의 수량과 노동력을 고려할 때 그럴 필요가 없다.

기본적으로 곁가지를 따주지 않는 것이 정상적이나 곁가지가 많아 꼭 따줘야 할 경우 되도록 일찍 따주고 곁가지가 원줄기만큼 왕성하게 자라는 품종은 공기 순환과 작업 관리의 편의를 위해 따주는 것이 좋다.

옥수수 재배 농가에서는 곁가지와 곁이삭이 양분을 빼앗아 가기 때문에 원줄기에 있는 이삭의 자람을 나쁘게 하고 이삭 크기가 작아진다고 생각하여 곁가지와 곁이삭을 따주는 경우가 많다. 그런데 〈농촌진흥청〉의 발표에 의하면 곁가지 자체의 잎이 탄소동화작용을 하기 때문에 원줄기의 동화산물을 소모하지 않으며, 곁가지가 있는 옥수수는 뿌리가 더 왕성하여 원줄기를 더 잘 자라게 한다. 즉 잎 수가 2~3장인 곁가지는 본잎에서 양분을 빼앗지만 4장 이상의 잎을 가진 곁가지는 곁가지 자체에서 소모하고 남은 양분을 원줄기로 보낸다. 원줄기로 이동한 양분은 뿌리의 활력에도 도움을 주어 수분 흡수를 양호하게 하고 쓰러짐을 방지하는 데 많은 역할을 한다.

6월 말이 되면 수꽃 이삭이 먼저 나오고 줄기 중앙부 잎겨드랑이에 암꽃 이삭이 나오기 시작한다.

수꽃은 일명 개꼬리라고 불리며 수꽃이 꽃가루를 준비했다가 암꽃이 나올 때쯤 꽃가루가 암술대에 떨어져 수정을 시작한다.

수꽃.

수염의 가루받이 모습.

옥수수는 토양 수분을 가장 많이 필요로 하는 시기가 개화 후이다. 따라서 가물었을 때 생육과 수정 등에 나쁜 영향을 끼쳐 수확량에 영향을 미치게 된다.

생육이 왕성하고 온도가 높은 7~8월에는 150mm까지 많은 양의 수분을 소비하게 된다. 개화기에는 물을 많이 필요로 하고 중요한 시기이므로 물을 이랑 사이에 흠뻑 젖도록 줘야 한다.

수확 시기

찰옥수수는 모종 기간인 20일 정도까지 포함해서 정식 후 약 90일 정도 소요되는 것까지 합쳐 110일 정도 지나면 수확이 가능하다.

단옥수수는 이삭이 나온 후 20~25일, 초당옥수수 23~25일, 찰옥수수는 24~25일 전후로, 초록색 껍질에 옥수수 수염이 흰색에서 갈색으로 살짝 마르면 수확 적기이다.

수확 시기의 수염 상태.

옥수수는 바로 따서 먹었을 때 가장 맛있으며 시간이 지나면 당분이 전분으로 바꾸어 단맛이 사라진다.

손톱으로 알갱이를 눌렀을 때 탱글탱글하며 흰 즙이 나온다면 덜 여물었다고 생각할 수 있지만 삶으면 단맛이 나며 쫀득쫀득하다.

여름에는 옥수수가 익는 속도보다 수염이 더 빨리 변한다. 따라서 여름철은 수염이 아주 진한 갈색일 때 따야 한다. 가을이 오면 갈색일 때 따주면 된다.

모든 작물이 그렇겠지만 특히나 옥수수는 수확 후 바로 먹어야 진정한 옥수수 맛을 느낄 수 있다.

수정이 잘 안 된 이삭은 내년에 쓸 종자로 말려둔다.

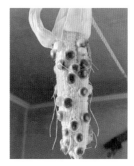

꽃가루를 받지 못하여 수
정이 잘 안 된 이삭.

웃거름

옥수수는 크게 자라는 작물이므로 다량의 양분을 흡수한다. 양분은 토양 속에 존재하는 것만으로는 부족하므로 적정량의 화학비료가 필요하다. 비료 흡수 능력이 좋기 때문에 일정 수준까지는 비료를 주는 양에 따라 수량이 증가한다.

일반적으로 비료의 흡수율은 질소가 50~60%, 인산이 20%, 칼륨이 40~50% 이다.

옥수수는 비료를 두 번 주는데, 옥수수 잎이 6장 전후가 되었을 때 또는 무릎 높이로 자랐을 때 1차 웃거름을 주고 꽃이 보일 때쯤 2차 웃거름을 주어야 통이 크고 잘 여문 옥수수를 맛 볼 수 있다.

1차 웃거름은 곁가지를 제거하면서 주거나, 옥수수가 무릎 정도 자랐을 때 요소를 주어 잎과 줄기를 키운다. 요소 이외 NK비료 또는 복합비료를 주어도 된다.

모든 작물이 그렇지만 비료는 너무 가깝게 주지 말고 한 뼘 이상 거리를 두고 한 숟가락 정도 구멍을 판 뒤 그 구멍에 넣어 준다.

2차 웃거름은 옥수수에 수꽃이 올라오기 시작할 때 이삭거름으로 NK비료 또는 복합비료를 준다.

비료를 주고 약 20~25일 정도면 찰옥수수를 수확할 수 있다.

옥수수 2기작

옥수수는 2기작이 가능한 작물로 4월 10일 파종하여 7월에 옥수수를 수확한 다음 바로 베고 7월 20~25일까지 같은 장소에 수확한 옥수수를 다시 파종하여 심으면 10월 15~29일 중순까지 첫서리가 내리기 이전에 수확할 수 있다.

찰옥수수 2기작 재배 기간

일정	4			5			6			7			8			9			10		
	상	중	하	상	중	하	상	중	하	상	중	하	상	중	하	상	중	하	상	중	하
찰옥수수	파종 (4.10)									출사 (6.25-30)		수확 (7.20-25)									
										파종 (7.20)						출사 (9.5-10)			수확 (10.15-20)		

2기작 재배를 할 경우에는 단옥수수보다는 찰옥수수가 유리한 편이다. 1기작으로 단옥수수를 조기 재배하고 2기작으로 찰옥수수를 재배하거나 1, 2기작 모두 찰옥수수를 재배하는 방법이 작물의 특성상 적당하다.

가을 재배는 적기 재배보다 온도가 높고 습기가 많은 7월에 파종하여 재배하므로 각종 병충해가 많이 발생한다.

단옥수수.

찰옥수수.

병해 깨씨무늬병, 검은줄오갈병, 깜부기병, 그을음무늬병

충해 조명나방, 멸강나방, 거세미, 진딧물 등

진딧물 병충해.

 페트병에 김장무 키우기

김장무

김장무를 원한다면 한여름부터 모종을 준비해야 한다.

물 빠짐이 좋은 중산성의 흙으로 화분에서 키워보자.

작은 무를 원한다면 1.5L 페트병으로도 키울 수 있다.

환경 조건

싹트는 온도 15~34℃ (40℃ 정도에서는 발아하지 못함)

잘 자라는 온도 17~23℃ (어릴 때: 18℃, 뿌리 비대기: 21~23℃)

햇빛의 세기 강한 빛을 좋아한다.

토양조건 토양이 깊고 보수력과 물 빠짐이 좋고 가벼운 토양이 좋다.

토양산도 pH5.5~6.8 정도의 중산성을 좋아한다.

재배 일정

월	1			2			3			4			5			6			7			8			9			10			11			12		
	상	중	하	상	중	하	상	중	하	상	중	하	상	중	하	상	중	하	상	중	하	상	중	하	상	중	하	상	중	하	상	중	하	상	중	하
중부																						●								수확	수확					
남부																								●								수확	수확			

● 씨뿌리기   ▨ 수확

밭 만들기

거름주기 (10㎡ 3평 기준)

밑거름 퇴비 10kg, 소석회 750g (밭갈기 2~3주 전)

요소 130g, 용성인비 600g, 염화가리 90g, 붕사 20g (이랑 만들 때)

이랑 만들기 (아주심기 5~7일 전)

1줄 재배 이랑 너비 60~90cm

2줄 재배 이랑 너비 120~150cm

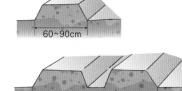

무는 뿌리가 곧고 길게 뻗는 작물이므로 30cm 이상 밭을 깊이 갈고 흙을 잘게 부수며 유기질 비료를 사용하여 뿌리가 잘 뻗어 내려가게 하는 것이 중요하다.

퇴비의 양은 대략 1평 정도에 5kg 정도 넣으면 된다.

특히 무, 배추는 마그네슘과 붕소 칼슘(석회)를 꼭 뿌려야 한다. 이 성분이 모자라면 잎이 누렇게 되거나 속이 비어 성장 장해가 온다. 화분은 화분 크기에 따라 퇴비의 양을 조절해야 한다.

씨뿌리기

씨 뿌리는 방법 점뿌림

씨 뿌리는 깊이 2~3cm

파종 개수 3~5립

싹트는 기간 4~7일

김장용 무 씨앗.

3일째 싹이 남.

파종 7일째.

파종 9일째.

흩어뿌린 무.

열무.

무의 특징은 서늘한 기후를 좋아해서 기온이 25℃ 이상이면 생육이 멈추기 때문에 봄보다는 가을 재배를 추천한다.

김장무는 보통 8월 15일 전후로 직파를 많이 하는데 무와 같은 뿌리작물은 옮겨 심으면 뿌리가 두 개로 갈라질 수 있기 때문에 직파를 추천한다.

가을 무 밭을 만든 뒤 씨앗의 3배 정도 깊이에 점뿌림과 흩어뿌림 방식으로 심는다.

초보는 일정하게 씨앗을 심을 수 있는 점뿌림을 권하지만 전문농가는 주로 흩어뿌림을 한다.

열무를 좋아하면 줄뿌림으로 무를 심은 뒤 무가 자라는 동안 솎아서 먹을 수 있다.

약간의 간격을 두고 무를 심을 구멍을 만든 뒤 하나의 구멍에는 3~4개의 씨앗을 심는 방식으로 흩어지도록 뿌려놓고 발아한 것들 중 상태를 확인하며 솎아내어 한 포기씩만 재배한다. 씨앗을 심은 뒤에는 부드러운 흙으로 살짝 덮어 준다. 화분 역시 같은 방법으로 재배한다.

김장무는 파종 후 4~5일이 지나면 떡잎이 나오고 곧 본잎이 나온다. 30일 정도 지나면 솎아서 열무김치를 담아 먹을 수 있다.

무의 간격은 20cm 정도 거리를 두어 튼튼한 모종을 남기고 성장할 수 있도록 해주어야 한다.

무는 생육 초기에 성장이 왕성해야 하므로 파종 후 1~2주 동안은 자주 물을 준다.

화분 재배

솎아내기 싹이 올라오면 한 번에 솎지 않고 세 단계에 걸쳐 솎아주는 것이 좋다.

떡잎 단계에서 병해충 피해를 받은 것 등을 먼저 솎고, 본잎이 나오면 2~3개 남기고 솎고, 5~7개의 모종만 남게 되었을 때 가장 건강한 한 포기만 남겨 키운다.

어린 싹인 열무를 좋아하면 씨앗을 많이 넣어 무가 자라는 동안 솎아 먹으면 된다.

무 싹이 올라오면 크기와 자라는 상태를 보고 솎아준다.

솎아주기.

북주기 솎아내기가 끝나면 무가 제대로 설 수 있도록 주변의 흙을 덮어 북주기를 해야 한다. 발아 상태가 양호하고 간격이 적당하면 솎아내기, 북주기 및 1차 추비를 한꺼번에 작업하면 편리하다.

물 주기 보통 (노지 4~5일 간격/ 화분은 1~2일 간격)

물이 부족하여 토양이 건조하면 붕소 결핍 현상이 나타나지만 수분이 과하면 무가 기형적으로 자란다.

생육 기간 동안 토양이 마르지 않도록 적당한 수분을 공급하는 것이 무를 크게 하는 비결이다. 다만 토양에 수분이 너무 많으면 무 겉면이 갈라지는 현상이 발생할 수 있으므로 주의가 필요하다. 특히 가물었다 갑자기 수분이 많아지면 트는 현상이 심하므로 급격한 수분변화가 생기지 않도록 관리해야 한다.

무청 하엽 솎아내기

무를 심은 지 한 달이 지나면 굵은 것은 가지 정도의 크기만큼 자라고 잎이 무성해져 아랫잎 중심으로 잎을 제거해야 공기 순환이 잘 되어 잡다한 병 없이 잘 자란다.

벌레 피해를 보았거나 노랗게 시든 잎뿐만 아니라 바닥에 가깝게 처지거나 서로 겹치는 잎은 솎아낸다.

이렇게 한 차례 솎아 내어도 며칠 뒤면 또 아랫잎이 노랗게 질 수 있다. 계속 반복하여 무청 솎음 작업을 해야 한다.

그렇다고 지나치게 솎아내면 잎 수가 부족하여 광합성 부족으로 무가 크지 않게 되므로 상황을 살피며 솎아낸다. 뿌리 솎아내기도 속도를 잘 맞추어야 알맞은 크기의 무를 수확할 수 있다.

무잎 따주기.

수확

심는 시기는 배추랑 같지만 무부터 먼저 수확한다.

배추와 같이 심어서 배추보다 1주일쯤 일찍 수확하는 게 좋다.

수확을 앞두고 약 20일 전부터는 물을 중단해 과습되지 않도록 신경 써야 한다. 늦게까지 수분이 많이 남아 있으면 표면이 갈라지고 터져 저장성도 좋지 않게 된다.

수확 시기는 11월 중순부터~12월 초순으로 지역과 해발에 차이가 있으며 추위에 약하므로 첫 서리가 내릴 즈음 수확해야 한다.

무는 뿌리가 돌출되어 있어 추위에 약해 몸통이 얼면 바람이 들고 저장할 수 없으며 맛이 없게 된다. 부주의로 얼었을

90일 수확한 무.

경우에는 자연적으로 녹아서 정상 상태로 회복될 때까지 기다렸다가 수확한다.

김장무 씨 뿌린 후 90~100일 경 수확.
소형무 씨 뿌린 후 50~60일 경 수확.

웃거름

무도 배추처럼 씨앗 파종 후 약 한 달간의 생육이 전체의 작황을 좌우하게 된다.

씨앗을 뿌린 지 한 달(20~30일)이 되면 다른 작물과 같이 질소를 중심으로 1차 웃거름을 준다.

잎이 누렇게 되거나 기타 부족 증상이 보이면 필요한 영양소를 엽면시비한다.

처음 웃거름은 요소를 주어 잎을 크게 만들고 2차 웃거름은 복합비료, NK비료를 15일 간격으로 시비한다.

3차 웃거름 NK비료.

무에 바람이 드는 이유

* 너무 일찍 씨를 뿌렸거나 너무 늦게 무를 수확했을 때
* 재배 중 생육 적정온도보다 온도와 습도가 높을 때
* 모래땅에서 재배하거나 질소비료를 많이 사용했을 때
* 냉해 피해를 입어 조직이 파괴되고 수분이 날아갔을 때
* 햇볕이 부족했을 때
* 수확이 늦었거나 점질토양으로 다습할 경우

병충해

주요 병해 검은뿌리썩음병, 바이러스병, 무름병
주요 충해 진딧물, 벼룩잎벌레, 배추흰나비(청벌레) 등

생리 장해 추대(저온에서 재배), 바람들이(수확기 늦음), 기근(거친 땅, 해충), 열근(불균일한 수분 공급), 내부동공(심한 붕소 결핍)

잎과 뿌리를 갉아 먹는 피해를 주니 수시로 해충을 손으로 잡아주는 것이 좋다.

배추흰나비(청벌레).

새싹무도 키워 샐러드나 비빔밥 재료로 사용해보자.

씨뿌림을 통해 자란 새싹들을 쏙아낸 것을 이용해도 되고 처음부터 새싹무용으로 수경재배를 해도 된다. 바닥에 키친타올을 깔고 물을 뿌려준 후 새싹무 전용 씨앗을 뿌린 뒤 적당한 수분을 더해주면 사진과 같은 새싹무를 수확할 수 있다. 이때 수분이 마르지 않도록 신경 쓰는 것이 중요하다.

또는 화분에 무씨를 뿌려서 적당히 자라면 가위로 올라온 무순만 잘라서 먹어도 된다.

새싹무.

새싹무 화분에 키우기.

화분에 김장배추 키우기

김장배추

우리나라 사람들이 무, 고추, 마늘과 함께 가장 사랑하는 채소인 배추는 수많은 음식의
재료로 이용되며 그만큼 다양한 품종이 재배되고 있다. 재배기간에 따라 봄, 여름, 가을,
겨울배추로도 나눌 수 있으며 칼슘, 칼륨, 비타민, 무기질 등의 영양소가 풍부하다.

환경 조건

싹트는 온도   15~34℃ (40℃ 정도에서는 발아하지 못함)

잘 자라는 온도   18~20℃

결구가 잘 자라는 온도   15~18℃
                             12℃ 이하의 저온을 일주일 이상 연속 경과하면 추대가 올
라온다.

토양 조건   가벼운 토양, 깊이가 있는 토양, 보수력과 물 빠짐이 좋은 토양.

토양 산도   pH 5.5~6.8이 알맞으며 산성토양에서는 석회 결핍증과 무사마귀
병 발생.

📅 재배 일정

월	1			2			3			4			5			6			7			8			9			10			11			12		
	상	중	하	상	중	하	상	중	하	상	중	하	상	중	하	상	중	하	상	중	하	상	중	하	상	중	하	상	중	하	상	중	하	상	중	하
일정																						●	━	━	▼	━	━	━	━	━	▨	▨				

● 씨뿌리기   ▬ ▬ 모기르기   ▼ 아주심기   ━━ 생육   ▨ 수확

밭 만들기

8월 삼복더위에 김장배추와 무 심을 준비를 한다. 가을은 이렇게 여름부터 시작된다. 가을 농사 또한 밑거름 시비는 작물의 성장에 중요한 역할을 하며 시비량과 시기를 잘 맞추면 배추, 무가 생육하는 데 좋은 환경을 조성해 줄 수 있다.

거름주기 (10㎡ 3평 기준)

밑거름 퇴비 10kg, 소석회 1kg(밭갈기 2~3주 전), 요소 300g, 용성인비 1kg, 염화가리 230g, 붕사 15g(이랑 만들 때)

배추는 산성토양에서는 뿌리혹병 및 석회 결핍증이 발생할 수 있으니 석회를 반드시 이용하는 것이 좋으며, 잎이 누렇게 뜨거나, 속이 비는 생리장해를 억제하기 위해 붕사를 이용한다.

밭은 깊이 갈아 줘야 뿌리가 깊게 뻗고 잔뿌리가 잘 자라게 된다.

이랑 만들기 (아주심기 5~7일 전)

1줄 재배 이랑 너비 60~90cm
2줄 재배 이랑 너비 120~150cm

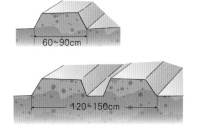

모 기르기

씨 뿌리는 시기 중부 8월 중순, 남부 8월 말 ~ 9월 초

씨 뿌리는 방법 점뿌림

씨 뿌리는 깊이 1cm, 배추 씨앗은 광발아 씨앗이므로 흙 속 깊이 묻으면 싹이 올라오지 않는다.

싹트는 기간 2~5일

트레이 2~3립 정도로 씨앗끼리 약간의 간격을 두고 파종하여 솎아낼 때 다른 무가

배추 씨앗과 씨앗 특성.

함께 뽑히지 않도록 주의한다.

모 기르는 기간　20~25일(모가 늙으면 활착 등 생육이 나빠짐)

모 기르는 온도　낮 온도가 25℃ 이상이 되지 않도록 관리

파종 후 4일째.

파종 후 13일째.

솎아주기　본엽이 2매 전개될 때 2~3주를 남기고 1차 솎아내고, 본엽이 4~5매 전개했을 때 1주만 남기고 솎아준다.

배추 모종은 4~5cm 정도 큰 후 본잎이 3~5장일 때 밭에 옮겨 심는다.

바람과 햇볕이 잘 들게 하면 자라는데 좋다.

솎아주기.

키우기

가을배추는 8월 초~중에 포트에 씨를 뿌려 모를 기르고 본엽이 약 5매 정도 자랐을 때 8월 하순~9월 초에 밭(화분)에 옮겨 심는다.

배추는 직파로 심으면 잎이 두껍고 거칠어진다. 또 어릴 때 벌레로부터 병충해를 예방하기가 힘들기 때문에 모종을 구입해서 심는 것이 좋다.

낮에 모종을 심으면 뜨거운 햇볕에 금방 시들어버리니 가능하면 오후에 작업하는 것

이 좋다. 구덩이를 파고 물을 많이 준 뒤 모종 깊이만큼 심어준다.

배추 모종.

아주심기.

노지 재배라면 이랑은 60~90cm 고랑은 30cm로 비닐멀칭한다.

열간 거리는 60cm, 포기는 40~45cm 간격을 두고 심어야 초기 생육이 왕성해 결구가 좋아진다. 좁게 심으면 서로 부딪치게 되면서 그 크기만큼 결구해버려 통이 작은 배추가 된다. 넓게 심으면 배추잎들이 퍼지면서 자란 다음에 결구가 되므로 통이 큰 배추를 얻을 수 있다.

노지 텃밭에는 보통 4~5일 간격으로 물을 주지만 화분의 경우 1~2일 간격으로 준다.

가을 재배의 경우 생육 초기에 온도가 높아 벌레가 많이 생기므로 진딧물, 벼룩잎벌레, 배추흰나비, 달팽이 등을 잡아줘야 한다.

결구 진행 중 진딧물 발생.

생육 초기 잎이 연할 때 벌레가 많이 생기면 결구 진행 중 안으로 벌레가 들어가서 수확하기 어려운 경우도 발생하니 초기에 방제하는 것이 중요하다.

결구가 진행 중일 때는 떨어진 낙엽은 제거한다. 제거 하지 않으면 결구가 된 상태에서 낙엽이 안에서 썩으면 그 주변의 배추 또한 썩어 들어가기 때문이다.

결구 진행 중 떨어진 낙엽은 제거.

배추 결구가 안 되는 주요 원인

1   너무 늦게 심을 경우 (8월 20일 ~ 9월 초경이 적기)
2   가뭄이 심하여 토양 수분이 부족할 경우
3   퇴비가 부족한 경우

밭을 만들 때 밑거름을 충분히 주고 성장을 봐 가며 웃거름과 물을 충분히 주어 잎수를 늘리고 크기를 키워준다. 밑거름이 부족하다면 배추를 심고 10일 경과 후 (활착 완료) 포기마다 웃거름을 주면 결구는 물론 작황도 좋아진다.

배추 속을 꽉 채우고 싶다면 모종을 심고 25일 전후 결구(배추포기가 들 때)가 시작되는 시기에 물을 충분히 주면 된다. 이 시기에 배추는 가장 많이 물을 필요로 한다.

물관리

생육 초기에 물이 부족하면 생육이 억제되어 수확량이 급격히 감소한다.

파종 후 40~50일경까지는 결구 초기로 가장 많은 물이 필요한 시기이다. 아주 심기 후 20~30일이 지나면 9월 하순부터 10월 상순 무렵인데 이때가 가장 왕성

결구가 된 배추.

하고 한창인 때로 배춧잎이 많아져 결구가 시작된다.

결구란 잎이 겹쳐지며 둥글게 속이 드는 것으로 배추는 이 시기에 가장 많은 물을 필요로 하므로 이때는 흙이 마르지 않도록 물 관리를 한다.

웃거름

정식 후 보름 후에 1차 추비, 또 보름간격으로 2, 3차 추비를 해주고 4차 추비는 생육상태 불량 및 결구상태 미흡일 경우 준다.

1 1차 정식 후 15일 정도에 1차 요소비료를 시비.
2 2차 본잎 12~15매 분화했을 때 복합비료 또는 NK비료시비
3 3차 결구 초기 복합비료 또는 NK비료시비
4 4차 결구가 50% 이상 되었을 때 배추의 생육상태를 보고 결정

2차 복합비료.

3차 NK비료.

질소질 비료를 많이 줄 경우 배추에서 쓴맛이 나고, 무를 수 있으니 주의가 필요하다.
배추통을 크게 하려면 배추 심는 간격을 넓게 하며, 초기 영양 관리를 잘해야 된다.

배추 묶어주기

밑거름, 웃거름, 물주기를 잘 해서 충분히 크다면 묶어주지 않아도 된다.
대부분 품종 개량한 결구배추로, 일찍 수확하는 김장배추는 묶지 않아도 된다.

일부 늦게 수확하는 배추 즉 겨울배추를 묶어주는 이유는 11월이라 해도 갑자기 기온이 −3℃로 떨어지고 서리가 내릴 수 있는데 이때 보온유지 및 속잎이 망가지 걸 방지하기 위해서다.

묶어주기는 선택사항이다. 묶을 땐 짚이나 노끈으로 배추의 겉잎을 감싸 안아 중간 또는 그 위쪽을 묶어준다.

묶어주기.

수확

파종 후 품종에 따라 70~90일부터 수확이 가능하며 수확 시기는 11월 초~ 12월 초순으로 김장철까지 오래 두어도 품질에 변화는 생기지 않는다.

10월 노지 텃밭에 자라는 배추와 무.

배추 수확.

김장 준비.

미량원소 결핍증

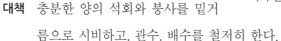

증상 형성기 이전에 나타나는 증상으로 어린잎의 가장자리가 마르거나 배추 속이 물러진다.

원인 토양에 칼슘이 부족한 경우, 암모니아태질소를 과용했을 때, 토양의 건조로 칼슘이온의 흡수가 억제되기 때문에 발생한다.

석회 결핍 증상.

대책 충분한 양의 석회와 붕사를 밑거름으로 시비하고, 관수, 배수를 철저히 한다.

2. 붕소 결핍

증상 잎자루 안쪽에 진한 갈색 반점과 가로로 균열이나 검은 점이 생기고 갈변된다.

원인 토양 중에 석회가 모자라거나 질소와 칼륨 성분을 과다하게 시비한 경우, 토양이 너무 건조하거나 과습한 경우, 지나친 고온으로 증산작용이 너무 심한 경우 발생한다.

붕소 결핍 증상.

대책 고온기에는 토양이 너무 건조하거나 과습하지 않게 하고, 붕산 0.35%액을 결구 초기에 2~3회 살포한다.

3. 마그네슘 결핍

증상 겉잎이 황색 또는 백색으로 변하고 점차 갈변하여 괴사한다.

원인 산성 토양에서는 강우에 의한 용탈로 부족한 상태가 되며 칼륨 비료를 과용했을 때는 흡수가 억제되어 발생한다.

대책 황산마그네슘을 10일 간격으로 5~6회 살포

마그네슘 결핍 증상.

한다.

4. 칼륨 결핍

증상 잎이 뻣뻣해지고 주름 형성이 되며 잎이 황
변 또는 갈변하여 말라 죽음

원인 토양 중 칼륨 함량이 적은 토양에서 자주 발
생한다.

대책 밑거름으로 염화가리 등 칼륨 비료 주기.

마그네슘 결핍 증상.

병충해

충해 거세미나방, 배추좀나방, 배추흰나비, 벼룩잎벌레, 알락수염노린재, 파밤나방,
목화진딧물, 무테두리진딧물

병해 뿌리혹병, 뿌리마름병, 노균병, 무름병

바이러스병 잎이 농녹색이나 담록색의 모자이크 무늬를 형성한다.

화분에 봄동 키우기

봄동

겉절이와 쌈채소로 사랑받는 봄동은 겨울부터 봄까지 먹는 계절채소이다.

비타민과 무기질, 항산화 성분이 풍부해 피부 미용과 노화 예방에 좋다.

환경 조건

봄동은 김장배추 가운데 속이 차지 않은 배추나 김장배추보다 늦게 파종하여 결구가 되지 않은 상태로 겨울을 지낸 배추를 말한다. 주로 따뜻한 남부와 해안가 지방에서 키우고 있다.

옛날엔 봄동 배추를 별도로 파종하는 것이 아니고 김장용 배추를 심었다가 결구가 되지 않은 배추를 짚 등으로 덮어 월동을 시켜 봄이 올 때까지 먹었다.

김장배추 파종은 8월 15일 전후에 시작하지만 봄동은 이보다 늦은 9월 하순에서 10월 상순에 파종하여 12월부터 3월까지 수확한다.

봄동과 김장배추는 시기와 웃거름만 다를 뿐 재배방식은 같다.

재배 일정

월	9			10			11			12			1			2			3		
	상	중	하	상	중	하	상	중	하	상	중	하	상	중	하	상	중	하	상	중	하
남부 및 해안			●								▨	▨	▨	▨	▨	▨	▨	▨	▨	▨	

● 씨뿌림　▨ 수확

모 기르기

씨 뿌리는 시기 중부 9월 하순~10월 상순

씨 뿌리는 방법 육묘 및 직파

트레이 2~3립 정도로 씨앗끼리 약간의 간격을 두고 파종하여 솎아낼 때 다른 모종의 뿌리가 함께 뽑히지 않도록 주의한다.

발아 온도 낮 온도가 18~22℃

봄동 씨앗.

봄동 모종.

직파한 봄동.

9월 초에 파종하면 불결구배추인 봄동이 생육 초기 높은 기온으로 반결구배추처럼 결구가 진행되니 일찍 파종하기보단 날짜에 맞춰 파종해야 한다.

9월 초 이른 파종으로 반결구가 진행된 봄동.

모종은 본엽이 약 5매 정도 자랐을 때 10월 중순에 옮겨 심는다.

배추는 40~45cm 간격을 두고 심는다면 봄동은 20~30cm로 좁게 심는다.

물은 생육 초기에 마르지 않게 2~3일 간격으로 주고, 기온이 떨어지는 12월부터 물 공급을 중단한다.

화분에 키우는 봄동.

봄동은 김장배추와는 달리 특별히 웃거름을 주지 않고 키워도 된다.

수확

9월에 파종한 봄동의 재배 기간은 60~70일이며, 수확 시기는 12월부터 다음해 3월까지이다.

배추는 추위에 강해 노지 월동재배가 가능한 채소지만 −7℃ 이하로 떨어지면 얼어 죽을 수 있다.

12월 중순까지 온도 관리는 크게 필요 없지만, 영하로 떨어지는 중부지방은 보온관리를 해줘야 한다.

11월 봄동.

12월 봄동.

part 3

허브로
향긋한 생활을!

Gardening time

허브를 키우기 위해 알아야 할 팁

허브가 가장 잘 자라는 환경

1 바람이 잘 통하는 곳.
2 광합성이 잘 되는 햇빛 좋은 장소(여름의 뜨거운 햇빛은 어느 작물이나 취약하다).
3 손으로 만져봤을 때 아주 살짝 습기가 느껴지는 정도의 흙.

허브를 키우기 위한 토양 조건

물 빠짐이 좋아야 뿌리를 광범위하게 내리는 허브가 숨을 쉴 수 있다. 허브에 따라 약간의 차이는 있을 수 있지만 기본적으로 키우는 방법은 비슷하기 때문에 part 1의 〈텃밭을 시작하기 위한 기초 지식〉을 참조해서 화분에 쓸 흙을 선택한다.

만약 간단하게 선택하고 싶다면 배수층은 난석→굵은 마사→펄라이트 순으로 넣어주면 좋다. 물 빠짐이 중요하기 때문에 배수층을 신경 쓴 구성이다. 흙은 모래+피트모스+마사를 섞으면 충분하다. 그런데 이런 흙은 보통 식물에게 필요한 영양소를 약 3개월 분 정도로 담고 있고 유난히 잔뿌리가 많은 허브는 더 빨리 영양분이 사라지기 때문에 25쪽, 27쪽, 28쪽과 〈화분 텃밭의 시작〉을 참조해 웃거름으로 비료 또는 퇴비 등을 주면 된다.

화분 선택하기

예쁜 화분도 좋지만 배달음식을 먹고 남은 포장용기나 1.5L 페트병을 반 잘라서 사용해도 훌륭한 화분이 된다. 단 물 빠짐을 위해 이 용기들은 바닥에 못이나 송곳으로 물 빠짐용 구멍을 4~5개 정도 뚫어준다.

화분 꾸미기는 일반 화분과 같다.

페트병을 이용한 바질 키우기.

모종 선택하기

3~5월경 키우고 싶은 허브 모종을 구입하는 것이 좋다. 너무 늦으면 고온다습한 환경으로 인해 병충해가 생긴 모종을 구입하게 될 수도 있다.

한여름에 도전하게 된다면 더 꼼꼼하게 잎이나 화분 흙에 이상이 없는지 살펴보아야 한다.

너무 밀집한 상태의 모종을 구입했다면 바로 포기 나누기를 해주는 것이 좋다. 허브도 넉넉한 공간에서 공기순환을 거치며 자랄 때 건강하게 클 수 있는 만큼 통기성의 중요성을 절대 잊지 말자.

겨울철 허브 관리하기

애플민트나 페퍼민트와 같은 다년생 허브는 겨울을 잘 지내고 이듬해 봄에 싹이 트지만 나무처럼 키울 수 있는 로즈마리는 기온이 영하로 내려가지 않는 곳에서 겨울 대비를 해줘야 한다. 10℃ 이상의 온도를 유지시켜주는 것이 좋다. 만약 실패하면 고사해서 몇 년을 키운 로즈마리를 떠나보내는 허무함을 겪게 될 것이다.

겨울 관리에 실패한 로즈마리. 대부분 고사하고 일부만 살아 남았다.

캣닢이 뿌리 부분에서 새로 싹이 나고 있다.

오데코롱민트의 싹이 올라오고 있다.

허브를 키울 때 아주 중요한 것 중 하나가 비를 맞게 하는 것이다. 베란다에서 허브 등을 키우더라도 비가 오면 그 비를 맞게 해주자. 아무리 온도와 습도, 채광을 맞춰 줘도 자연이 주는 비만큼 확실하고 효과적인 영양분은 없다는 것을 직접 확인해볼 수 있을 것이다.

　허브는 차나 포프리, 건조시켜 향신료로 사용하는 등 이용 범위가 넓은 만큼 농약을 쓰지 않고 병충해 관리를 하는 것이 중요하다. 천연 농약과 천연 비료 만드는 법을 5~7쪽에 소개하고 있으니 미리 조금씩 만들어 냉장 보관하면서 화분을 관리해주면 좋다.

허브를 이와 같은 방법으로 말려 활용할 수도 있다.

로즈마리

로즈마리는 여러해살이 식물로, 나무와 같은 단단한 성질을 가진 줄기를 가지고 있어 잘 키우면 2m까지 자라는 것도 가능하다고 한다.

고기의 잡내와 생선 비린내를 잘 잡아주기 때문에 육류와 생선 요리에 많이 쓰이는 로즈마리는 살균과 항균작용을 하며 두통과 감기 예방, 신경통에 효과가 있어 차로 마셔도 좋다.

로즈마리는 허브 중 크게 손이 가지 않는 품종이다. 크고 튼튼하게 키우고 싶다면 햇빛이 잘 들고 공기 순환이 잘 되는 장소에서 물이 잘 빠지는 사양토(25~38% 정도의 점토와 52% 이상의 모래가 섞인 적당한 유기물이 들어 있는 토양)를 이용해 키우면 좋다.

우리나라에서 겨울을 지낼 수 있는 지역은 중남부 지역이며 중북부 지역은 실내에서 겨울을 나게 하는 것이 좋다. 씨로도 키울 수 있고 삽목도 가능하다. 하지만 초보자라면 육묘장이나 시장에서 어린 묘목을 구입해 키우는 것을 추천한다.

재배 방법

씨를 뿌려 키우는 방법

적당한 화분을 선택해 상토를 채우고 씨뿌리기를 한다. 매우 작은 씨지만 조건만 잘 갖춰주면 발아율이 좋기 때문에 흙 위에 뿌린 뒤 가볍게 살짝 흙을 덮어준다.

옥상이나 한평 텃밭에서 키울 예정이라면 기온이 15℃를 넘는 4~5월 정도에 뿌리면 된다.

　온도와 습도가 맞다면 7~10일이면 발아하며 너무 건조하거나 조건이 맞지 않으면 최장 5주가 지나서야 발아할 수도 있다. 씨를 뿌린 후에는 흙이 건조해지지 않도록 주의한다.

꺾꽂이로 키우는 방법

　5~6월에 새로 자란 가지를 5cm 이상의 길이로 잘라서 키우고자 하는 화분에 꽂고 물을 준 후 비닐로 덮어 수분 증발을 막아준다.

　기온이 너무 올라가면 뿌리가 나오기 전에 말라버릴 수가 있으므로 공기가 통하는 그늘 아래에서 수분 관리를 해주며 15℃ 이하로 내려가지 않도록 주의한다.

　로즈마리는 삽목이 잘되는 품종이기 때문에 너무 어렵게 생각하지 않아도 되지만 물을 너무 많이 주면 뿌리가 썩으므로 바람과 햇빛, 수분 관리를 신경 써줘야 한다.

목질화가 진행 중인 로즈마리.
원하는 가지를 잘라 빈 화분에
꺾꽂이를 해주면 된다.

모종으로 키우는 방법

　시장이나 종묘상 또는 플라워샵 등에서 모종을 구입해 화분에 옮겨 심는 방법도 있다. 가장 편한 방법이기 때문에 추천한다.

로즈마리를 잘 키우려면…

　허브가 잘 자라는 조건은 3가지다. 바람이 잘 통하고 햇빛이 잘 들어 광합성을 충분히 할 수 있으며 과습하지 않고 약간 마른 듯하게 물을 주는 것이다. 이 세 가지만 잘 지킨다면 쑥쑥 크는 로즈마리를 만나게 될 것이다.

　로즈마리가 좋아하는 온도는 15~25℃ 사이이며 고온다습하고 햇빛이 강하면 로즈마리가 타버릴 수도 있으니 무더운 여름에는 반그늘진 곳에서 관리한다.

거름은 자주 주는 것이 아니라 가을이나 이른 봄 퇴비를 한 번 주고 초여름에 1회 정도 추비(웃거름)를 주면 충분하다.

로즈마리 수확하기

향이 강하기 때문에 적은 양으로도 충분한 로즈마리이므로 필요할 때 조금씩 잘라 쓰는 것이 보편적이다.

로즈마리솔트를 만드는 방법은 다음과 같다.

먼저 중간 크기의 천일염을 약한 불에서 볶은 뒤 말린 로즈마리와 섞어 열탕 소독해 말린 병에 보관하며 필요할 때 사용하면 된다.

이때 사용하는 로즈마리 건조 방법은 간단하다.

먼저 수확한 로즈마리 잎줄기를 식초 물에 가볍게 담궜다가 바로 헹군 후 바람 잘 통하는 그늘에 말리거나 전자렌지에 10~20초 사이로 2~3번 돌려 말리면 된다. 그런데 35도 이상에서 건조시키면 향기가 떨어지므로 진한 향을 원한다면 바람 통하는 그늘에서 말리는 것이 좋다.

로즈마리오일을 만들 예정이라면 열탕 소독한 유리병에 올리브오일이나 카놀라유를 채우고 그 안에 싱싱한 로즈마리 잎줄기 몇 개를 넣은 후 밀봉해 3주 정도 숙성시킨 후 샐러드용이나 요리용으로 사용하면 된다. 유통기간은 대략 6주 정도이다.

로즈마리는 가지치기를 할 때 나온 잎들을 말려서 포프리나 요리용으로 사용하는 것도 가능하다.

가지치기로 로즈마리 잎줄기가 많아졌다면 일부는 얼려서 보관하다가 요리에 이용하는 것도 하나의 방법이다.

  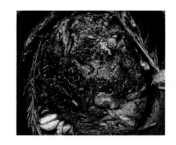

로즈마리의 관리 방법

로즈마리는 나무처럼 가꿀 수 있기 때문에 원하는 로즈마리 형태를 정한 후 원줄기를 남기고 주변의 곁가지들을 조금씩 정리해주면서 만들어 간다.

너무 가지가 무성하면 공기가 통하지 않아 병이 들거나 말라버릴 수 있으므로 가지치기는 꼭 해줘야 한다.

적당한 영양분이 공급되어야 잘 자라기 때문에 추비도 꼭 해줘야 하는데 분갈이할 때 퇴비가 들어간 흙을 섞어주면 좋다. 그리고 초여름에 웃거름을 조금 준다.

분갈이용 화분은 현재 로즈마리가 자라고 있는 화분보다 20~30% 더 큰 화분이 좋다.

로즈마리를 분갈이 할 때는 20~30% 더 큰 화분으로 옮긴다.

스위트
바질

허브의 왕이라고 불리는 바질은 종류가 50가지가 넘으며 향이 조금씩 다르기 때문에 요리와 사용처에 따라 재배하는 품종이 다르다. 우리가 알고 있는 바질은 그중 스위트바질로, 박하과의 1년생 식물이며 바질페스토로 만든 스파게티를 비롯해 토마토, 올리브오일과 잘 어울려 이탈리아 요리에 많이 사용된다.

　바질에는 식이섬유, 철분, 칼슘 등의 성분이 풍부하게 들어 있어 항산화 작용에 탁월하다. 또한 말린 바질 2g에는 뼈의 칼슘이 빠져나가는 것을 막아주는 비타민 K가 1일 섭취 권장량의 43%나 들어 있어 골다공증 예방에 탁월하다.

　뿐만 아니라 베타카로틴이 100g당 6300㎍나 들어 있어 호흡기의 점막을 보호하고 나쁜 콜레스테롤이 쌓이는 것을 방지해 고혈압과 심근경색, 뇌졸중 등의 심혈관 질환의 예방에 도움이 된다.

　바질의 폴리페놀 성분은 스트레스 해소에 도움을 주며 루테인과 제아잔틴 성분이 들어 있어 안구질환 예방에도 도움을 준다.

재배 방법

　스위트바질은 1년생 식물이기 때문에 씨를 뿌려 키우거나 모종을 구입해 분갈이해서 키우는 방법이 있다.

인터넷 쇼핑몰이나 다이소, 종묘상에서 구매한 스위트바질 씨를 상토를 채운 적당한 화분에 뿌린다.

습도를 잘 맞춰주면 발아율이 좋은 허브이므로 싹이 트기에 좋은 18~25℃의 온도가 형성되는 4월부터가 적당하다. 그런데 5월에 늦서리가 내릴 수도 있기 때문에 옥상이나 텃밭에서 키울 때는 조심해야 한다.

싹이 난 바질.

발아가 오래 걸리는 허브이므로 화분을 흠뻑 적시는 것이 아니라 흙이 건조하지 않도록 물을 뿌려주며 싹이 나올 때까지 기다린다.

늦게 발아되지만 고온을 좋아하기 때문에 6월 이후 아주 잘 자라는 모습을 볼 수 있다.

무성하고 큰 스위트바질로 키우고 싶다면 좀 큰 화분에 1~2개의 모종만 남기고 다른 모종들은 새로운 화분으로 옮기는 것이 좋다.

풍성한 스위트바질로 키우 싶다면 어느 정도 잎이 나오면 곁가지가 클 수 있도록 본줄기의 생장점을 잘라준다.

바질은 발아율이 좋은 편은 아니기 때문에 처음 도전한다면 모종으로 키우는 것을 권한다. 발아만 된다면 키우기 쉬운 허브에 속한다.

꽃집, 시장 등에서 사온 모종을 바로 분갈이하면 된다.

그 다음 키우는 방법은 씨를 뿌려 키우는 방법의 화분 키우기와 같다.

바질 모종.

바질을 잘 키우려면…

더위를 좋아하는 바질에게 강한 햇빛과 공기 순환이 잘 되는 장소 그리고 물이 잘 빠지는 흙은 매우 중요하다. 하지만 우리나라의 한여름 한낮의 열기는 바질에게도 버거운 존재이므로 베란다에서 키우더라도 여름 고온다습한 한낮에는 잠시 그늘로 옮겨주는 것이 좋다. 물은 흠뻑 적셔주기보다는 뿌리가 마르지 않도록 아침과 저녁에 주고 낮에는 물을 주지 않는 것이 좋다.

모든 식물은 한여름 대낮에는 물을 주기보다는 그늘로 옮겨주고 물은 아침이나 저녁에 흠뻑 주어야 여름을 잘 버티고 튼튼하게 자랄 수 있다.

바질 수확하기

스위트바질은 토마토와 궁합이 좋아 토마토와 함께 요리하면 맛있게 먹을 수 있다.

대중적으로 알려진 요리법은 바질페스토인데 잣과 마늘, 치즈 그리고 올리브오일을 이용해 만들어 빵에 발라 먹거나 스파게티 요리나 치즈, 샐러드에 넣어 먹는 등 다양하게 활용할 수 있다.

바질토마토 카프레제.　　바질 페스토.　　　　바질치즈토마토 꼬치.　　바질페스토 스파게티.

바질은 잘 키우면 잎이 아주 크게 자라는데 그 잎을 추수하는 것이다. 커다란 잎을 추수하면 줄기와 잎 사이에서 곁가지가 나와 다시 자라기 때문에 생장점 관리만 잘 한다면 제법 오랜 기간 추수가 가능하다. 또한 꽃이 피기 시작하면 바질 향이 약해지므로 꽃대가 올라오지 않도록 하는 것이 중요하다.

추수한 잎은 바람이 잘 통하는 그늘에 말리거나 전자렌즈에

곁가지가 올라오기 시작한 바질. 큰 잎을 중심으로 수확하면 된가.

20초 내외로 2~3번에 걸쳐 돌려서 수분기를 제거한 후 열탕 소독해 말린 병에 담아 향신료로 사용해도 된다.

추수한 잎이 많다면 얼려서 필요할 때 사용하는 방법도 있다.

바질 관리 방법

바질은 꽃대가 올라오면 곧 생명이 끝나기 때문에 최대한 길게 수확하고 싶다면 생장점 자르기를 소홀히 해서는 안 된다.

또한 적당한 영양분이 공급되어야 싱싱하고 좋은 바질로 키울 수 있는 만큼 추비도 잊지 말아야 한다. 그런데 추비는 화분과 흙 상태에 따라 주는 양이 달라지는데 약간 모자라는 것이 낫다. 또는 바질이 크게 자라면 그보다 20~30% 더 큰 화분에 분갈이를 하면서 퇴비가 들어간 흙을 섞어 채워주면 좋다.

바질 역시 공기가 잘 통하고 햇빛이 좋으며 통기성이 좋은 흙에서 잘 자란다는 것을 잊지 말자.

꽃대가 올라온 바질.

꽃이 피기 시작했다.

바질 씨앗 받기

다음해에도 바질을 키우고 싶다면 새롭게 난 곁가지의 생장점을 자르지 않으면 된다. 가을에 가까워지면서 아침저녁 기온이 내려가면 바질은 꽃대를 올리고 곧 꽃이 피게 된다.

열매가 맺힌 뒤 갈색으로 변하면 신문이나 비닐을 깔고 꽃대를 잘라 그 위에 털면 씨앗을 받을 수 있다. 모은 씨앗은 건조한 장소에 보관했다가 이듬해 같은 방법으로 다시 키우면 된다.

꽃이 피고 열매를 맺기 시작한 바질.

화분에 떨어진 씨앗이 발아해 다음 봄에 싹이 날 수도 있으니 이미 생명력이 다한 바질의 뿌리는 뽑아서 버리고 남은 흙 위에 가볍게 추비를 한 뒤 건조하지 않도록 관리해보는 것도 한 방법이다.

애플민트

애플민트는 사과향과 박하향이 나는 허브로 피로회복과 소화불량에 탁월하다고 알려져 우리나라에서는 차로 많이 이용되고 있다. 또한 입냄새를 제거하는 데도 좋아 민트 치약도 나와 있다. 유럽에서는 고기요리에 자주 들어가는 향신료이다.

번식력이 아주 강해 가벼운 마음으로 아보카도 화분에 몇 개의 씨앗을 던져 넣었다가 화분 전체를 덮었던 기억이 있다. 너무 무성하게 자라 대부분의 줄기를 제거했음에도 또 아보카도는 열대작물이기 때문에 물을 듬뿍 주었음에도 새롭게 싹이 나는 등 왕성한 번식력을 자랑했다. 반그늘 상태에서 잘 자라는 애플민트지만 아보카도의 무성한 잎이 그늘을 만들고 공기 순환이 잘 되는 곳에 있어서가 아닐까 싶다.

재배 방법

애플민트는 번식력이 강해 꺾꽂이 또는 포기 나누기로도 잘 키울 수 있다.

씨를 뿌려 키우는 방법

적당한 화분에 상토를 채운 후 씨앗을 뿌리고 가볍게 흙을 덮어주거나 그냥 둔 뒤 물을 적셔주며 약간 습한 상태로 관리한다.

발아율이 좋은 허브이며 반그늘에서 잘 자란다. 따라서 텃밭이나 옥상에서 키우게 된다면 바람이 잘 통하고 그늘이 지는 곳을 골라서 씨를 뿌려야 한다.

화분에 씨를 뿌렸다면 발아된 모종이 잎사귀가 4~6개 정도 나왔을 때 포기 나누기를 통해 더 많은 애플민트 화분을 가질 수 있다.

　내한성이 강하기 때문에 겨울에도 뿌리는 죽지 않으므로 다음 봄에 새로운 애플민트를 만날 수 있다.

꺾꽂이로 키우는 방법

　발아시켜 키운 애플민트나 모종으로 키운 애플민트가 무성하게 자라면 뻗어나온 곁가지를 잘라 새로운 화분에 꺾꽂이하거나 수경 재배를 할 수 있다.

　화분에 꺾꽂이했다면 약간 습한 상태로 화분을 관리해야 한다.

　애플민트의 잎이 종일 시들지 않고 힘이 생기는 것이 보인다면 뿌리가 내린 것으로 생각해도 된다.

모종으로 키우는 방법

　시장이나 인터넷 쇼핑몰, 종묘상 등에서 구입한 모종을 키우면 아주 쉽게 키울 수 있다.

　키우는 난이도가 아주 낮기 때문에 반그늘에서 습도만 잘 유지시켜 준다면 관리하기도 쉬운 허브다. 또한 허브 중 베란다 또는 거실에서 키우기에 좋은 품종이다.

애플민트를 잘 키우려면…

　애플민트는 다년생이므로 첫해만 잘 키우면 여러 해 동안 만날 수 있다. 허브들 중에서는 물을 좋아하는 품종이므로 건조해지지 않도록 관리하는 것을 잊지 말자.

　애플민트 역시 꽃이 피면 향이 약해지기 때문에 오래 즐기고 싶다면 생장점을 잘라 꽃대가 올라오는 것을 늦춰주면 된다. 위로 자라는 대신 잎과 곁가지에 영양소가 전해져 튼튼하고 풍성하게 키울 수 있다.

웃자란 상태이므로 더 큰 화분으로 분갈이 하는 것이 좋다. 또는 생장점을 자르고 추비를 해준다.

애플민트 수확하기

여름에는 얼음이 들어간 차가운 물이나 탄산수에 레몬 등과 함께 넣어 마시고 보통은 뜨거운 물에 넣어 우려내어 마시는 애플민트는 진한 향이 중요하다. 향이 진한 잎을 수확하고 싶다면 날이 맑은 날 오전이 좋다.

애플민트를 이용한 가장 유명한 음료로는 모히토가 있다. 모히토는 알코올이 들어간 것과 무알콜 모히토로 즐길 수 있다.

애플민트차.

아이스애플민트차.

모히토.

싱싱한 잎들을 말려 포프리로 사용하거나 바람이 통하는 그늘에서 건조시켜 열탕 소독해 잘 말린 유리병에 보관하면 좋다. 오븐이나 전자렌즈로 건조하는 방법도 있다.

차로 마실 때는 스피아민트나 레몬밤 등과 섞어 마시면 색다른 향과 맛을 즐길 수 있다.

애플민트 역시 잎을 얼려 필요할 때 사용할 수도 있다.

애플민트 관리 방법

모든 식물은 적당한 영양분을 공급해줘야 싱싱하고 건강하게 키울 수 있다. 애플민트역시 잘 키우고 싶다면 적당한 추비를 해주어야 한다.

화분의 크기와 애플민트를 화분에 몇 그루 키우는지에 따라 추비 양이 달라지기 때문에 애플민트의 상태를 살피며 뿌리에 닿지 않도록 웃거름을 주어야 한다. 모든 식물은 영양분이 넘치면 오히려 위험해지기 때문에 모자라게 주는 것이 더 낫다는 것을 기억하자.

만약 웃거름을 주는 것이 어렵다면 화분을 바꾸면서 퇴비가 들어간 흙을 섞어주는 것도 방법이다.

분갈이 후 뿌리를 내려야 하기 때문에 너무 잦은 분갈이는 금물이다.

애플민트가 물을 좋아한다고는 하지만 너무 습기가 많으면 뿌리가 썩거나 벌레가 생길 수 있다. 따라서 약간의 습기를 유지해주면서 공기 순환이 잘 되는 반그늘을 찾아 키우는 것이 중요하다.

식초와 물을 1:100으로 희석한 천연농약을 만들어 화분의 흙에 뿌려서 소독해주면 병충해 예방에 도움이 된다.

천연 농약과 천연 비료 만드는 법은 5~7쪽에 소개해 두었다.

페퍼민트

페퍼민트는 다년생 허브이기 때문에 잘 관리만 해준다면 매년 만날 수 있는 기르기 쉬운 허브이다. 다만 서늘한 기후를 좋아해 한여름에는 그늘에서 관리해줘야 한다.

한평 텃밭이나 노지에서 재배해도 아주 잘 자라고 겨울에도 월동이 가능한 허브이므로 한여름 땡볕을 피할 수 있는 장소를 골라 부담 없이 키우면 된다.

상쾌한 향이 특징인 페퍼민트는 스페어민트와 워터민트를 교배해 청량감을 높인 품종이다. 고대 그리스의 히포크라테스가 약용으로 사용할 정도로 민트의 약효는 오래전부터 인정받아 왔는데 페퍼민트는 소화불량과 진통, 위 경련, 과음과 과식으로 인한 속쓰림과 불쾌감 등에 큰 효과가 있다고 한다. 또한 살균소취 효과가 뛰어나 입 냄새 예방과 집안 청소에 이용되며 알레르기나 화분증을 가진 사람들은 페퍼민트로 완화시킬 수도 있다. 불면증에 시달리는 사람들은 잠들기 전 페퍼민트 차 한 잔이 도움이 될 것이다.

이처럼 우리의 일상에 활용도가 뛰어나 페퍼민트는 껌, 화장품, 차, 치약, 과자, 방향제, 아로마오일 등 다양한 분야에 이용되고 있다.

애플민트와 함께 모히또를 비롯한 다양한 칵테일에 쓰이며 서양 음식 재료에도 많이 들어가며 세계적으로 사랑받는 페퍼민트지만 임산부와 수유 중인 사람, 유아와 고령자, 고혈압과 당뇨병을 앓는 사람, 위 식도 역류 장애를 앓고 있는 사람은 페퍼민트를 섭취해서는 안 된다.

아주 드물지만 부작용으로 두통이나 메스꺼움, 부정맥이 일어날 수도 있으니 기억해 두자.

재배방법

키우는 방법이 쉬운 허브 중 하나다. 씨를 뿌려도 되고 꺾꽂이를 해도 되며 포기 나누기를 해도 된다. 단 겨울에는 꺾꽂이와 포기 나누기는 금물이다. 뿌리를 내리기엔 너무 척박한 환경이기 때문이다.

씨앗을 뿌려 키우는 방법

씨앗은 다이소와 종묘상, 인터넷 쇼핑몰에서 쉽게 구할 수 있다. 페퍼민트의 씨앗으로 재배하는 방법은 다른 허브들과 같다.

바람이 잘 통하고 발아되기까지 충분한 햇빛이 들어오며 흙이 건조하지 않도록 관리하면 10일 이내에 싹이 튼 페퍼민트를 만날 수 있다.

크고 튼튼한 페퍼민트로 키울 예정이라면 잎이 4장 이상이 될 때까지 키우다가 한 화분에 4~5개만 남겨두고 다른 화분으로 옮긴다. 영양분을 충분히 공급받아 잘 자랄 수 있도록 하기 위해서이다.

꺾꽂이로 키우는 방법

허브 중에서도 키우기 쉬운 페퍼민트는 꺾꽂이로도 잘 자란다. 혹시 주위에 누군가 키우는 사람이 있다면 5cm 이상의 줄기를 몇 개만 달라고 해서 화분에 꽂아도 된다.

역시 바람이 잘 통하고 충분한 햇빛이 들며 약간 습한 상태를 유지해주어야 하지만 이것만 지킨다면 곧 힘차게 자라는 페퍼민트 화분을 갖게 될 것이다.

화분이 넘치게 자라는 페퍼민트 중 땅속에서 뻗어온 줄기를 받아온다면 실패 확률은 거의 없다고 봐도 된다.

모종으로 키우는 방법

모종이 담긴 화분은 소형이라 영양분도 충분하지 않기 때문에 그대로 키운다면 건강하고 튼튼하게 키우기는 어렵다. 따라서 종묘상이나 꽃집 등에서 모종을 구매해왔다면 꼭 분갈이를 해준다.

페퍼민트를 잘 키우려면…

유럽이 원산지인 페퍼민트는 서늘한 기후를 좋아하기 때문에 노지나 한평 텃밭에서 키운다면 우리나라의 여름에는 거의 고사 상태가 된다. 하지만 가을로 접어들면서 날씨가 서늘해지면 다시 싹이 나기 때문에 페퍼민트는 봄과 가을 두 계절에 즐길 수 있는 허브이다.

공기 순환이 잘 되고 적당한 수분만 충족되면 아주 잘 자라는 만큼 크게 주의해야 할 것은 없다.

한 그루만 잘 키워도 1년이 지나면 군락을 이루는 것도 가능하니 퇴비를 섞은 큰 화분에서 여유 있게 키우는 것도 좋다. 벌레도 잘 생기지 않고 해충을 멀리하는 역할도 하는데 그래도 흙이 너무 습하고 과하게 영양분을 공급하면 곰팡이나 벌레가 생길 수도 있으니 조심하자.

주에 한두 번 천연소독제를 담은 분무기로 화분을 관리하는 것도 혹시 모를 해충을 방지하는 데 도움이 된다.

페퍼민트 수확하기

페퍼민트는 서늘한 봄 가을에 신선한 잎을 추수할 수 있다.

생잎을 우려낸 차도 좋지만 공기 순환이 잘 되는 그늘에서 말린 잎도 차를 비롯해 요리까지 다양하게 이용할 수 있다.

장마가 시작되기 전에 또는 고온이 본
격적으로 시작되기 전에 뿌리 부근에서
모두 추수해 묶은 페퍼민트 다발을 그늘
에서 말려 포푸리로 사용하는 것도 좋다.
여름을 지나 가을이 되면 뿌리에서 다시
새싹이 올라올 것이기 때문에 크게 걱정
하지 않아도 된다.

베란다에서 키울 때도 이는 동일하다. 꽃대가 보이기 전 생장점을 잘라주면 곁가지가
나와 오래도록 추수가 가능하다.

페퍼민트 관리 방법

페퍼민트는 씨앗을 받기가 좀 힘든 허
브라고 한다. 그보다는 포기 나누기나 꺾
꽂이가 번식시키기 더 좋으며 늦봄에 모
종을 구입했다면 혹시 응애 등이 있는지
를 꼼꼼히 확인해야 한다.

해충을 발견했다면 과감하게 해충이 발
견된 줄기를 가지치기한다. 그럼에도 해
충이 번졌다면 줄기를 모두 잘라낸다. 뿌리에서 새로운 싹이 날 것이기 때문에 크게 걱
정하지 않아도 된다.

페퍼민트가 웃자라거나 잎이 말리거나 잎이 작다면 영양분이 부족한 것이다. 이때 웃거름을 주면 좋지만 과한 영양분은 오히려 독이 될 수 있고 화분의 크기와 상태에 따라 양이 달라지므로 이럴 때는 복합비료 또는 퇴비를 섞은 흙을 이용해 분갈이를 하면 좋다. 화분은 페퍼민트 화분보다 20~30% 큰 것으로 준비한다.

페퍼민트는 뿌리가 광범위하게 자라며 잔뿌리가 많기 때문에 분갈이를 할 때 주면 잔뿌리를 좀 제거해주는 것도 좋은 관리 방법이다.

캣닢

고양이가 매우 사랑하는 허브로, Catnip
은 '고양이가 물다'라는 의미를 가지고 있
다. 민트의 한 종류이며 차로도 마실 수
있지만 캣닢만은 고양이에게 양보하자.

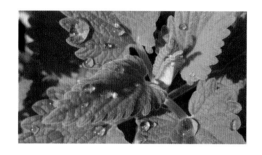

고양이들의 스트레스 해소와 면역력 강
화, 헤어볼 제거에 도움을 주며 이처럼 고
양이의 간과 대장을 튼튼하게 하는 데도
도움이 된다고 한다.

캣닢은 개다래와 함께 합법적인 고양이의 마약이라고 할 정도로 고양이들이 좋아하고
고양이의 건강에 도움이 되지만 모든 고양이가 다 캣닢을 사랑하고 반응하는 것은 아
니다.

우리나라에서는 개박하라고 불리는 캣닢의 원산지는 서아시아와 유럽이다. 꿀풀과의
여러해살이풀로 학명 '네페타 카타리아$^{Nepeta\ Cataria}$'에서 Cataria는 고양이를 뜻하는 라
틴어 '카투스^{Cattus}'에서 유래되었다고 한다.

재배 방법

캣닢은 씨앗뿌리기부터 수경재배까지 쉽고 다양하게 키울 수 있다.

씨를 뿌려 키우는 방법

다이소나 인터넷 쇼핑몰에 2~3천 원에 파는 캣닢 재배 세트가 있다. 또는 씨앗도 구
입 가능하다. 이 제품들 중에서 원하는 대로 골라 키워보자.

노지나 한평 텃밭보다는 화분에서 키우는 것이 관리하기가 더 쉬울 것이다.

화분에 적당한 간격으로 씨를 뿌린 후 분무기로 촉촉한 정도로만 물을 뿌려준다. 파종 후 공기 순환이 잘 되는 곳에서 20~24℃ 정도의 온도를 유지한 채 발아시킨 후 싹이 나오면 햇빛이 잘 드는 곳에 화분의 위치를 잡아주면 된다.

씨뿌리기로 싹이 난 캣닢.

모종으로 키우는 방법

시장이나 인터넷 쇼핑몰, 종묘상, 꽃집 등에서 모종을 구입해서 화분갈이를 해 키우면 좀 더 쉽게 키울 수 있다.

캣닢은 20~25℃ 정도의 온도를 좋아하는 만큼 공기 순환이 잘 되고 빛 잘 드는 곳에서 키우면 쑥쑥 크는 것을 보게 될 것이다.

캣닢을 잘 키우려면…

발아도 잘 되고 여러해살이 허브인 캣닢 역시 첫해만 잘 키워 겨울 동면만 신경 써주면 몇 년 동안 계속 키울 수 있다.

꽃대

캣닢 역시 자연건조를 시킨 잎이 더 진한 향을 가지고 있다. 꽃도 고양이들에게는 훌륭한 만찬이다. 오랫동안 유지시킬 수만 있다면 얼마든지 원하는 대로 키울 수 있다. 지금도 가을에 씨를 받아 발아시킨 후 겨울에 실내에서 키워 고양이들 간식으로 주고 있다.

봄에 너무 많은 싹이 올라오면 새순을 정리해줄 필요가 있다. 잎들이 너무 무성하고 밀집되어 공기가 원활하게 통하지 못하면 병해충에 취약해질 수 있음을 기억하자.

캣닢 수확하기

고양이가 줄기부터 꽃까지 모두 좋아하기 때문에 잎이 자라면 아랫잎부터 차례로 추수해서 고양이에게 주면 된다. 고양이가 소화할 수 있는 양은 3~5잎 정도이므로 양이 많다면 바람이 통하는 그늘에서 자연건조를 시키거나 수확한 양에 따라 1차로 전자렌즈에 10~30초 사이로 돌린 뒤 수분과 열기를 한 번 날린 후 다시 같은 시간 동안 돌려서 건조시킨다. 이렇게 건조된 캣닢은 열탕소독한 유리병 등에 밀봉해서 필요할 때 고양이에게 주면 된다.

잎을 오래 수확하고 싶다면 꽃대가 올라오기 전에 생장점을 자르고 곁가지들을 키우는 것도 하나의 방법이다.

씨앗을 받고 싶다면 여름 끝 무렵에 올라오는 꽃대를 키워 연핑크의 꽃은 즐기고 열매가 맺힌 후 갈색이 되면 꽃대를 잘라 씨를 받으면 된다.

가을이 깊어지기 전에 캣닢 줄기를 잘라서 포프리로 만들거나 꽃과 잎을 건조시켜 가루로 만들어도 된다. 이렇게 가루로 만들면 우리가 고양이를 위해 사고 있는 캣닢이 된다.

캣닢 관리 방법

캣닢은 여러해살이 허브이기 때문에 잘 관리하면 다음해 봄에 뿌리에서 올라오는 새싹을 만날 수 있다.

여리여리한 잎들의 수확이 목표라면 큰 화분에 씨앗을 뿌린 후 그대로 올라오는 캣닢을 키워 큰 잎들을 추수하면 된다.

캣닢도 박하과이기 때문에 물을 너무 많이 주면 뿌리가 썩거나 병충해에 걸릴 수 있으니 살짝 습한 정도를 유지시켜 준다.

겨울을 지나 다시 싹이 나기 시작한 캣닢 화분.

어디에서 키우느냐에 따라 달라지기 때문에 옥상이나 노지에서 키운다면 무더운 여름을 조심해줘야 한다. 고온다습하면 캣닢이 말라버리거나 타버릴 수 있기 때문이다.

또 여름에는 아침 또는 저녁 또는 아침 저녁으로 뿌리가 흡수할 정도의 물을 줘야 한다.

가을에 받은 씨앗을 큰 화분에 흩뿌려 키워서 겨울에 고양이들에게 주고 있다.

한낮에는 물을 주면 안 된다.

한 그루를 나무처럼 키우고 싶다면 가지치기와 생장점 자르기를 주의해야 한다. 초기에 어미줄기가 튼튼하게 자라면 아들줄기들도 건강하게 자랄 수 있다. 어미줄기의 곁가지인 아들줄기를 자를지 말지는 어떤 캣닢으로 키우고 싶은지에 따라 정하면 된다.

웃거름은 복합비료를 10~20개(화분 크기에 따라 달라짐) 뿌리에 닿지 않도록 흙 위에 두거나 핸드드립하고 남은 커피를 말려서 넣어주는 것도 좋다. 항상 이야기하지만 비료 또는 거름은 넘치는 것보다 모자라는 것이 더 낫다.

분갈이를 하면서 거름을 섞은 흙을 보충해주는 것도 좋은 방법이다.

캣닢 역시 공기 순환과 햇빛과 물이 중요한 만큼 이 세 가지만 잘 지켜준다면 풍족하게 캣닢을 수확할 수 있을 것이다.

다른 허브를 키우기 위해 만들어둔 천연농약을 캣닢 화분 관리에도 써 미리 병충해를 예방하도록 하자.

가식	종자나 모종을 임시로 심는 일
곁순	원줄기와 잎의 마디에서 나오는 새줄기
고랑	배수로 통로
고랑	물이 빠지는 통로
관수	토양에 인위적으로 물주기
관주시비	비료를 물에 녹여 관을 통하여 압력을 가해 토양에 시비하는 것
두둑	작물을 심는 공간
마디	줄기에서 가지나 잎이 나는 부분
무경운	흙을 갈지 않고 농사를 지음
밑거름(기비)	씨를 뿌리거나 모종하기 전에 주는 거름
생식생장	꽃이 피고 열매가 맺는 것
손자줄기	아들줄기에서 나온 곁순
아들줄기	어미줄기에서 나온 곁순
아주심기(정식)	모종을 밭에 옮겨 심는 작업
어미줄기	원줄기
염류집적	비료, 농약, 수돗물의 염소 성분이 토양 내에 과다 내포된 원소들의 축적
엽면시비	작물의 잎에다 직접 수용액 비료를 뿌려준다. 엽면시비로 필요한 영양소를 공급해 준다. 이 방법은 제한적이며, 임시 처방이라 부족한 부분과 양만 채워줄 수 있다.
영양생장	잎과 줄기가 크는 생육단계로 식물의 몸집이 커지는 것
웃거름(추비)	씨앗이나 모종을 옮겨 심은 뒤에 주는 거름
원줄기	씨앗의 떡잎에서부터 올라오는 줄기

이랑(두둑)	두둑과 고랑을 합한 공간
이랑(두둑)	작물이 자라는 곳
적심 (순지르기/순막기/순치기)	생장점을 잘라 성장을 멈추게 한다.
점뿌림	큰 씨앗을 콕콕 심어주는 방식
정식(아주심기)	본밭에 옮겨 심는 것
줄뿌림	작은 씨앗은 주로 줄을 긋고 솔솔 뿌려주는 방식
착과	열매가 달리는 것
화방	토마토는 꽃봉오리가 여러 개씩 단체로 열리는 것을 말한다.
활착	식물이 안정적으로 뿌리를 내림
흩어뿌림	작물의 열 간격에 상관없이 뿌려주는 방법

참고 자료

농촌진흥청의 농사로 www.nongsaro.go.kr

텃밭 백과   들녘 | 박원만